東京大空襲 … 史

栗原俊雄
Toshio Kurih

岩波新書
1916

目次

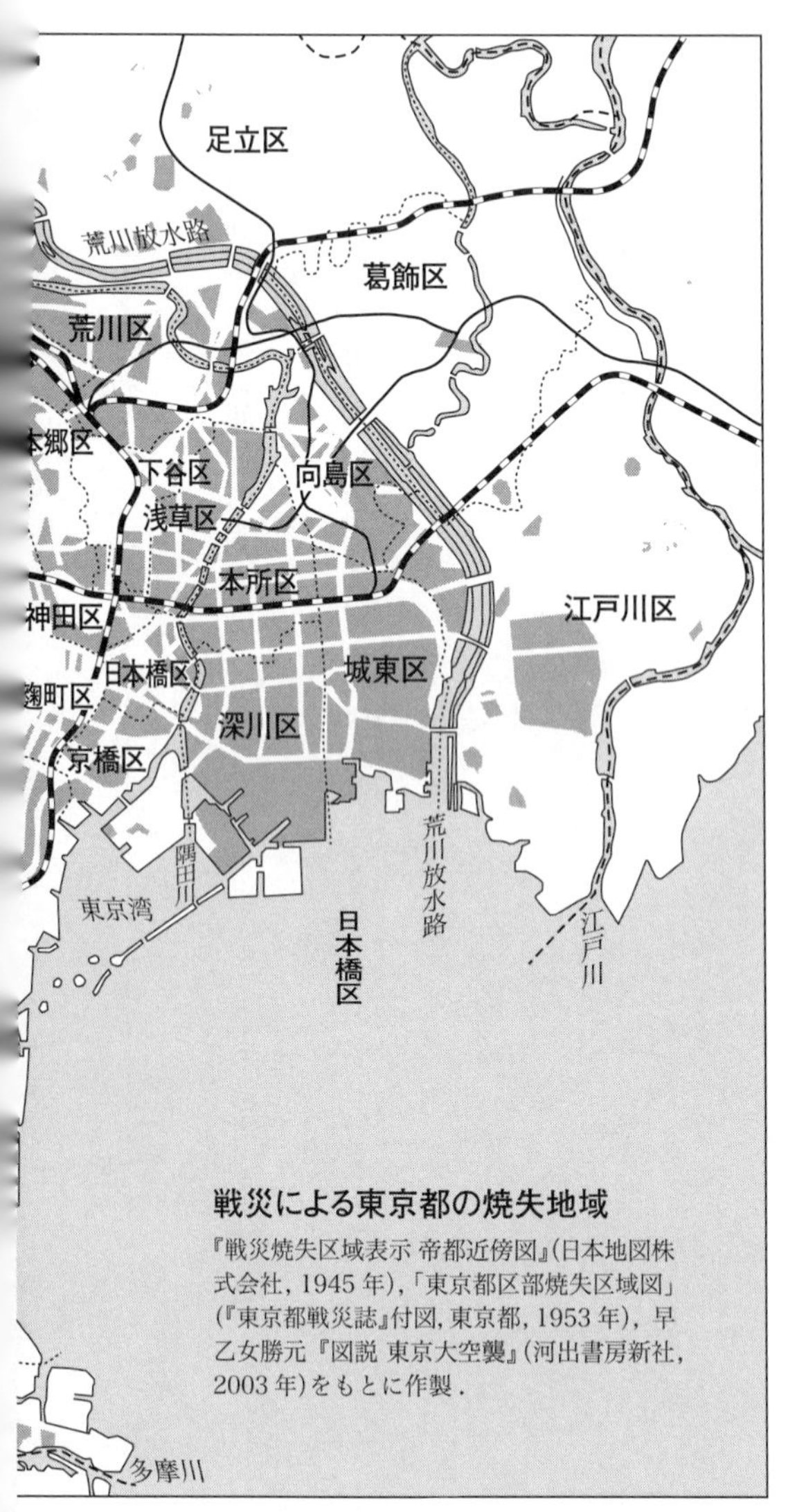

戦災による東京都の焼失地域

『戦災焼失区域表示 帝都近傍図』(日本地図株式会社, 1945 年),「東京都区部焼失区域図」(『東京都戦災誌』付図, 東京都, 1953 年), 早乙女勝元『図説 東京大空襲』(河出書房新社, 2003 年)をもとに作製.

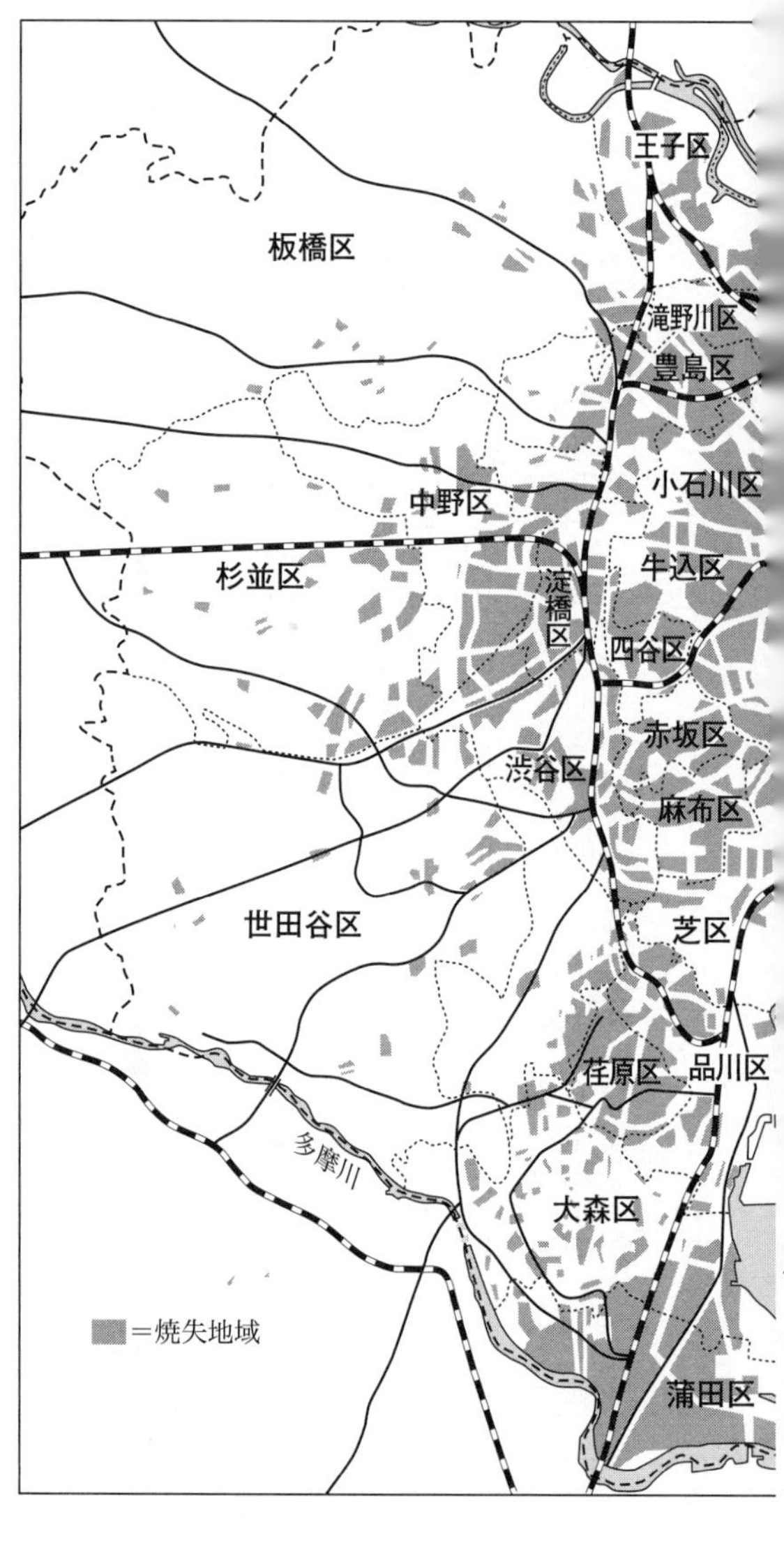
王子区
板橋区
滝野川区
豊島区
小石川区
中野区
牛込区
杉並区
淀橋区
四谷区
赤坂区
渋谷区
麻布区
世田谷区
芝区
荏原区
品川区
多摩川
大森区
＝焼失地域
蒲田区

戦災による東京都の被害者数

区　域	総　計	死　亡	重　傷	軽　傷	行方不明
千代田区	5,298	819	559	3,920	0
中央区	4,908	1,416	1,044	2,445	3
港区	3,073	1,008	427	1,638	0
新宿区	6,355	1,207	2,228	2,918	2
文京区	3,883	586	120	3,108	69
台東区	28,444	11,894	10,699	81	5,770
墨田区	64,227	27,436	34,025	2,766	0
江東区	60,536	39,752	2,153	18,601	30
品川区	3,557	668	1,994	890	5
目黒区	420	153	34	233	0
大田区	2,516	1,284	278	870	84
世田谷区	143	81	27	33	2
渋谷区	5,066	941	4,125		0
中野区	407	312	23	67	5
杉並区	825	194	61	570	0
豊島区	3,300	674	443	2,160	23
北区	6,008	1,411	624	3,950	23
荒川区	5,748	772	335	4,641	0
板橋区	1,199	602	274	323	0
練馬区	98	77	16	5	0
足立区	404	167	231		6
葛飾区	269	122	147	0	0
江戸川区	5,120	3,789	301	1,021	0
区域小計	211,804	95,374	55,812	50,240	6,022
			4,356		
対都総数比	97.6%	98.3%	98.6%	94.9%	99.8%
			100.0%		
八王子市	2,900	398	498	2,004	0
立川市	673	280	98	295	0
武蔵野市	289	266	7	16	0
三市域小計	3,862	944	603	2,315	0
対都総数比	1.8%	1.0%	1.0%	4.4%	
区市域小計	215,666	96,318	56,415	52,555	6,022
			4,356		
対都総数比	99.4%	99.3%	99.6%	99.3%	99.8%
			100.0%		

資料：経済安定本部総裁官房企画部調査課『太平洋戦争による我国の被害総合報告書』(1949 年)，早乙女勝元『図説 東京大空襲』(河出書房新社，2003 年)をもとに作製.

序　章
命を削って訴える高齢者たち

図 1　民間人空襲被害者の救済を訴える「こんにちは活動」に立つ河合節子．頭にかぶっているのは，戦時中の防空ずきんを模したもの．写真パネルは，救済を求める運動の途中で亡くなった人たち(衆議院第二議員会館前で 2020 年 6 月 10 日)．

国会前、「若手」の空襲被害者＝八二歳の訴え

「先の大戦の空襲被害者は今も補償をされていませーん」。東京・永田町、国会議事堂を望む衆議院第二議員会館前。全国空襲被害者連絡協議会(全国空襲連)のメンバーら数人が、ここで「こんにちは活動」を始めたのは二〇一九年四月だ。原則として、国会会期中の木曜日正午から一時間。「民間人空襲被害者が補償を求めていまーす」と声を出しながら、通りかかる人にリーフレットを渡そうとする。国会議員や秘書らに渡すのが狙いだ。

活動を思いついたのは、河合節子(一九三九年生まれ)。東京大空襲で母親と弟二人を殺された。自身は茨城県に疎開していて助かった。二〇〇七年、東京大空襲国賠訴訟の原告団に加わった。敗訴が確定した後は立法運動でリーダー的な役割を果たしている。八〇歳を過ぎたが、高齢化が進む当事者の中では「若手」だ。「私は、社会運動の経験もありませんし、何をしたらいいか分かりませんでした。でも、今自分たちでできることをやろう、と思って」

「受け取って下さ〜い」。河合たちはそう語りかけるが、手に取る人は少ない。

リーフレットには、こう書かれている。

「一九四五年、第二次世界大戦末期、米軍による空襲が日本全国にありました。東京に始まり名古屋、大阪など大都市、県庁所在地、中小都市、さらに沖縄、広島、長崎が大きな被害を受けました。国中が戦場だったのです。戦禍の中で、一般市民が命を奪われ、重傷を負い、住むところを奪われました。

戦争が終わってからが本当の苦しみの始まりとなった多くの人がいます。戦争孤児、戦争障害者、PTSD（栗原注・心的外傷後ストレス障害）の人たちです。社会的偏見、経済的困難の中、生きることに精一杯で、長い年月、声を上げることができずに、生きてきました。

軍人軍属には恩給が、その遺族には年金が支払われてきましたし、さらに継承者にも弔慰金が支払われています。しかし、一般市民の空襲被害者には今も、全く救済措置がありません。なぜでしょうか。

（中略）七四年間も見捨てられてきた被害者は高齢となり、日ごとに少なくなっています。未来を生きる人々のためにも、こんな不条理を放置したまま死ぬわけにはいきません。皆様のご理解、ご支援を、お願いします」

第二次世界大戦で、首都東京は米軍により一二二回もの空襲を受けた。一九四五年三月一〇日の東京大空襲だけでおよそ一〇万人が殺された。民間人が米軍の無差別空襲で被害にあったことを、日本政府は認めている。しかし、被害者たちが求める補償には頑として応じない。一九七三年から一九八八年、野党による民間人空襲被害者援護法案が実に一四回、国会に提出されたがすべて廃案となった。司法による解決を求め、東京、名古屋、大阪空襲の被害者たちがそれぞれ国に補償をもとめて提訴したものの、いずれも最高裁で敗訴が確定した。被害者たちは、行政にも政治にも救済を求めてきた。しかしどちらも動かないから、司法に解決を求めたのだ。ところが、司法も救済に応じなかった。

解決するとしたら、それには立法が必要。それが司法の判断だった。つまり国会にボールを投げたのだ。その国会が動かないから司法に訴えたにもかかわらず。高齢化が進む民間人戦争被害者の命が削られている。「三権分立」は、少なくとも民間人空襲被害者たちの救済問題に関する限り、被害者たらい回しの機構として機能している。

「アメリカ大使館前でやれ！」国会前に響く怒声

国会会期中でも、昼時に外を歩く議員はそう多くない。リーフレットを受け取る人はさらに少ない。それでも河合ら八〇歳を過ぎた老人たち、空襲で家族を殺された人たちが、救済立法を信じて活動を続けていた。

二〇一九年六月。若い男性が足を止め、リーフレットを受け取った。かいわいを通りかかる若者は少ない。筆者は話を聞こうとした。一九歳。都内の大学一年生で国会の見学に来たという。「リーフレットを配っている、民間人空襲被害者たちの主張についてどう思いますか」。そう問うと、彼は少し考えて言った。

「アメリカに補償を求めるべきじゃないですか」

米軍が戦時中に日本で行った無差別爆撃は、戦時下でも民間人を狙わないという国際法に違反する蛮行であった。当然、日本政府は被害者である国民を代表してアメリカに補償を求めるべきなのだ。政治に関心のある、一九歳の学生が言うのは、「正論」である。

しかし、とかく「正論」と「政論」は違う。日本は一九五二年にサンフランシスコ講和条約が発効することで独立を回復した。同条約は、アメリカやイギリスなど日本が戦った連合国との間で、相互に補償請求権を放棄した。これにより、日本政府がアメリカに補償を求めることはできなくなった。

河合ら政府に補償を求める民間人空襲被害の当事者たちと、当事者以外の国民の間には大きな断絶が二つある。一つは、国民の多くが河合たちが無補償のまま放置されている事実を知らないことだ。もう一つは、前述の講和条約によって加害者であるアメリカに補償を求めることが不可能であるのを知らないことである。

「こんにちは活動」の周辺では、さまざまな個人、団体がそれぞれの主張をしている。拡声器で大音量の主張をする者もいる。河合たちは肉声一本だ。

四カ月後の一〇月末日には、全国空襲連の横で大声を張り上げていた団体の中から、初老の男性が河合たちに近付いてきて、怒鳴り声を上げた。

「アメリカ大使館前でやれ！」

憎しみがこもった怒声だった。「顔をさらすぞ！」。さらに、活字にするのを避けざるを得ない暴言が続く。取材していた筆者は、河合の横に立って迷っていた。「どうして何の罪もないままに戦争被害にあった人たちに、そんな暴言を吐けるんですか。そもそも日本政府は国民の了解を得ないまま、アメリカへの補償請求権を放棄したんですよ！　この人たちがアメリカに補償を求めることはできませんよ。そうしたのは日本政府なのだから、日本政府が補償するのは当然でしょう！」と言い返したかった。

だが興奮している男性の様子を見て「反論したら必ず言い合いになる。騒ぎが大きくなったら、河合さんたちに迷惑が掛かる。かといって、このままこの男性の暴言を許すのは……」とためらっていた。

時間にして一分程度だっただろう。しかし長く感じた。幸い警備の人が男性を引き離して、事なきを得た。「今度同じ事があったら、言い返しますよ」。私がそう話すと、河合は穏やかに言った。「いいんですよ。私たち慣れていますから。街頭活動をしていると、「もう補償はされているんでしょ？　まだほしいの？」などと言われることもありますから。口に出さなくても、そう誤解している人はたくさんいると思いますよ」

初老の男性は、翌週も河合たちに詰め寄ってきた。筆者はこんどは我慢できなかった。

「サンフランシスコ講和条約で、日本政府は戦争被害の補償請求権を放棄しているんですよ。空襲被害者がアメリカ政府に補償を請求することは、事実上できないんですよ。そんなことも知らないんですか。そもそも、何の罪もない戦争被害者にどうしてそんな罵声を浴びせるんですか」

そう言うと「戦争に負けたんだから仕方ないだろう！」と言い返された。「じゃあ、その負ける戦争を始めたのは誰なんですか。この人たちじゃないでしょう！」と言おうと思ったところ、ここでも警備の人が間に入って男性は引き取った。

第二次世界大戦下、全国各地が米軍の無差別爆撃にさらされ、多くの人が殺されたことは歴史の教科書に書かれている。毎年夏、新聞やテレビなどがそうした戦争の被害を伝える。しかし、民間の戦争被害者たちに対して国がまともな補償をしなかったこと、その被害者たちが戦後七〇年以上苦しみ、国に補償を求めて命を削るように闘ってきたことを伝えるメディアはさほど多くない。

戦争被害者は三権すなわち司法と行政、立法に救済を求めた。しかし相手にされなかったり、たらい回しにされたりと苦しめられてきた。さらに社会全体の無理解と無知、無関心とも闘わざるを得なかった。多くの人たちが無念のままに亡くなった。

大日本帝国は七七年前に降伏した。戦後日本の復興の始まりとなった。しかし多くの戦争被害者がそうであるように、空襲の被害者たちにとってはそこから新しい苦しみ、悲しみが始まった。本書では、東京大空襲の事例を中心にその歴史を振り返っていきたい。

第1章
10万人を殺した無差別爆撃

図2　東京大空襲の後，上野公園の西郷隆盛像のそばで，犠牲者の遺体が焼かれた．たった一晩で10万人が殺され，通常の焼骨や埋葬が不可能になったため，街のあちこちに臨時の焼き場ができた．

蜃気楼のような終戦構想で開戦

大日本帝国は一九四一年一二月八日、アメリカやイギリスとの戦争を始めた。勝てるはずのない戦争だった。一九三七年に始まった日中戦争は泥沼化していた。中国を屈服させることができないまま、太平洋の島々や東南アジアに進出したのだ。米英などの連合国軍に対してただでさえ劣る兵力の分散をすることになった。

国力があまりにも違いすぎて、アメリカを屈服させ、降伏に追い込むことはできない。それは、軍事のプロであるはずの軍人を含む当時の為政者たちも分かっていた。しかし戦争を始めてしまった。なぜそんな無謀なことをしたのか。戦後歴史学が営々と追究してきたテーマである。しかし万人を説得させる解は見つかっていない。

作家の司馬遼太郎は大阪外国語学校（現大阪大学外国語学部）在学中に学徒出陣し、陸軍に入営した。戦車隊に配属されて、士官（少尉）となり、戦車四輛を率いる立場となった。他の若者の多くがそうだったように、司馬も「自分は何のために死ぬのか」と苦悩した。栃木県の佐野で敗戦を迎えた。司馬がその戦争体験を小説で描くことはなかった。ただ濃密な体験は作家としての原点になった。いくつかのエッセーで戦争観を示している。たとえば「大正生れの『故老』」(『歴史と視点――私の雑記帖』に収録)だ。

司馬は「太平洋戦争」について、日本には「戦略というものはなかった」とし、「兵力の分散を避けるというのは軍事の初歩だが、かれらは足腰の立つ国民を総ざらいにして日露戦争程度の装備をもたせ、中国から北太平洋、南太平洋の諸島といった、地球そのものにばらまいてしまった。ばらまいたあと、どう始末するつもりもなかった。いかなる軍事的天才でもこれを始末できるような戦略を考えられるはずがない」「(栗原注・兵士を)まるで棄民のように島々に捨て去りにしたあとは、東条英機という集団的政治発狂組合の事務局長のような人が、東京の大本営で「戦陣訓」というお題目をひたすらに唱えつづけただけの戦争であった」とした。

彼我の国力を考えたら、まともな思考では戦争などできるはずがない。しかし始めてしまった。合理的な解釈では説明できない。「発狂」したとしか思えない。そういうことだ。戦争を始めた内閣の首相だった東条を、「発狂組合」の組合長ではなく、その下役ともいうべき「事務局長」にたとえたところに、司馬の意図がにじむ。

その東条は東京裁判で死刑判決を受けて、絞首刑となった。余談ながら、東京裁判については批判が多い。筆者も非常に問題のある裁判だったと思う。そもそも戦勝国の裁判官たちが敗戦国の為政者らを裁く、という法廷のあり方自体が問題だった。まさに「勝者の裁き」である。敗者への敵愾心、報復の気持ちが働き公正な裁きにはならない、という疑念は拭えない。正当性を担保するためには、せめて第三国の裁判官を起用すべきだった。それに劣らないくらい問題なのは、「被告」の選び方に著しい瑕疵があったことだ。つまり当然法廷に立っているべき人間が、そこにいなかった。「太平洋戦争最大の責任者は彼（栗原注・東条）ではない。彼以下でない責任者はほかに幾人もいる」（山田風太郎『人間臨終図巻』徳間文庫、二〇〇一年）という評は正しい。

たとえば陸軍の石原莞爾（かんじ）だ。東条と対立して陸軍を追われ、対米英戦で指揮をとることはなかった。しかし筆者のみるところ、東条と同じく、大日本帝国を奈落の底に導いた列車の運転手の一人だ。

その列車の分岐点の一つが、一九三一年の満州事変にあった。この事変によって、中国東北部に日本の傀儡国家満州国が建国された。国際社会はこれを認めなかった。大日本帝国は国際連盟脱退に至り、孤立化に向かった。この満州事変を企図したのが石原である。東京裁判が開廷するにあたり、石原は自身を「戦犯」とし、「自分が裁かれないのはおかしい」と批判していた。

ただここで確認しておきたいのは、東京裁判の不当性をどれほど鋭く指摘したところで、東京裁判で裁かれた為政者、及び裁かれなかった「運転手」たちに戦争責任がなかったことを証明しはしない、ということだ。

さて司馬は対米英戦開戦の原因を「発狂」に求めたが、当時の日本の為政者にも一応の終戦構想はあった。一九四一年一一月一五日、大本営政府連絡会議でそれは確認された。同会議は首相や外相などの政府の主要閣僚と、陸軍の参謀総長と海軍の軍令部総長らが構成する。国策決定、戦争指導にかかわるものだ。同日、「対米英蘭蔣戦争終末促進ニ関スル腹案」をまとめた。

その主眼は以下の通りだ。

速ニ極東ニ於ケル米英蘭ノ根拠ヲ覆滅シテ自存自衛ヲ確立スルト共ニ更ニ積極的措置ニ依リ蔣政権ノ屈伏ヲ促進シ独伊ト提携シテ先ツ英ノ屈伏ヲ図リ米ノ継戦意志ヲ喪失セシムルニ勉ム

つまり(一)東アジアや西南太平洋におけるアメリカ、イギリス、オランダの勢力を排除して重要資源を確保、長期自給自足体制を整備する、(二)中国の蔣介石政権への圧力を強め、屈服させる、(三)三国同盟を結んでいたドイツ、イタリアと連携しイギリスを屈服させる、(四)それによってアメリカの戦意を失わせ、講和にもちこむというものだった。

もっとも現実味があったのは(一)だ。実際、開戦後はフィリピンから米軍を、シンガポールから英軍を、インドネシアからはオランダ軍を追い出した。石油などの戦略物資を確保するめどがたった。しかし補給路を長期間確保することができず、期待されたほど物資の移送は進まなかった。

(二)は現実味が薄かった。一九三七年以来、中国とだけ戦っても屈服させることができなかった上に、対米英などとの戦争まで始めたから当然である。それ以上に問題なのは(三)と(四)だ。当時ナチス・ドイツはフランスを占領するなど中立国を除く欧州を席巻しつつあった。しかし海軍力が弱かった。「屈服」させるとなると英本土上陸が必須だが、ドイツ海軍に多数の兵士を上陸させ、かつ補給を維持するだけの力はなかった。さらにドイツは四一年六月にはソ連との戦争を始めており、典型的な二正面作戦を展開していた。

独ソ開戦は、アメリカの対日外交にも影響を与えた。開戦前、ソ連はドイツと不可侵条約を結んでいた。日本とは中立条約を結んでいた。ソ連が日独伊の枢軸国側に加われば、アメリカにとっては脅威だ。しかし独ソが戦争を始めたことで、その可能性はなくなった。アメリカは日本に対してより強気な対応をするようになっていく。

ソ連との戦争を始めたドイツがイギリスを降伏させたとしても、それによってアメリカが戦意を失うとは限らない。「アメリカだけでも全体主義、ファシストたちと戦う」という戦意を燃やす可能性もある。国運をかけた戦争を始める以上は、少なくともそうした可能性を踏まえて終戦構想を作るべきだ。しかし大日本帝国は、希望的観測(ドイツがイギリスを屈服させる)の上に空想(イギリスが敗退すればアメリカは戦意を失い講和に応じる)を重ねた。「絵にかいたモチ」以下、蜃気楼のような構想で、戦争を始めてしまったのだ。

マリアナ諸島陥落で本土空襲が確定的に

その蜃気楼のような構想のもと、大日本帝国は戦線を拡大した。北はアリューシャン列島から南はニューギニア、東は中部太平洋、西はビルマとインド国境にまで兵士を送り込んだ。日本の敗戦が決定的になったのは一九四四年夏、サイパンなどのマリアナ諸島が米軍に占領されたことだ。六月一五日に米軍がサイパンに上陸すると、連合艦隊は総力を挙げて撃退すべく、機動部隊(航空母艦を基幹とする艦隊)が出撃した。最新鋭の空母「大鳳」と、真珠湾奇襲以来歴戦の「翔鶴」「瑞鶴」と正規大型空母三隻と、「隼鷹」など客船や水上機母艦などから改造した空母六隻の計九隻からなる大部隊だった。一九四二年六月の「ミッドウェー沖海戦」で主力空母四隻を米軍に撃沈されて以来二年かけて、海軍がようやく再建した機動部隊である。サイパン近海の米艦隊を撃破し、上陸した米兵の補給を断つ狙いだった。

しかし六月一九、二〇日の戦いで惨敗した(マリアナ沖海戦)。出撃したおよそ四〇〇機は撃墜されるなどしてほぼすべて失った。初陣の「大鳳」は米潜水艦のたった一発の魚雷で爆発し、沈没した。「翔鶴」と改造空母の「飛鷹」も沈んだ。かつて真珠湾の奇襲で米太平洋艦隊に壊滅的被害を与えた日本海軍の機動部隊は息の根を止められた。一方で敵の空母を一隻も沈めることができなかった。世界の海戦史でもまれにみる大惨敗であった。

マリアナ諸島は米軍に占領された。米軍の大型爆撃機B29は、同諸島と日本本土の往復およそ五〇〇〇キロメートルを飛ぶことができた。日本本土を日常的に爆撃することが確実になったのだ。日本の為政者たちは、そのことを知っていた。昭和天皇はサイパンの奪還に強くこだわったが、実現しなかった。敗戦はもはや必至、時間の問題であった。

天皇はマリアナ陥落を受けて今後の政府の方針を決めるにあたり、首相経験者ら「重臣」の意見を聴こうとした。この意見聴取は翌一九四五年二月に実現した。岡田啓介や東条英機ら首相経験者六人と元内大臣の牧野伸顕(まきののぶあき)の計七人が意見を述べた。中でもよく知られているのが、近衛文麿(このえふみまろ)の上奏である。

空襲本格化前に早期講和を上奏した近衛文麿

「戦局ノ見透シニツキ考フルニ、最悪ナル事態ハ遺憾ナガラ最早必至ナリト存ゼラル」で始まる近衛上奏文は、外交官で戦後首相を務めた吉田茂とともに作成した。「共産革命」を防ぎ皇室を存続させるためには、できるだけ早く外交交渉で戦争を終わらせるべきだ、という趣旨であった。実際のところ、日本の共産主義者たちは政府による度重なる弾圧で壊滅状態にあった。近衛がどこまで「共産革命」を信じていたのか、分からない。

しかし仮に「共産革命」が実現したら君主制は崩壊する。昭和史を専門とするノンフィクション作家、保阪正康は「近衛は天皇を脅したのだろう。このままではフランス革命のようになりますよ、と」と指摘する。

近衛の上奏は、七人の中でもっとも鮮明に早期の終戦を説いた。だが昭和天皇は応じなかった。近衛の女婿で秘書をしていた細川護貞が、上奏直後に近衛から聞いた天皇との会話を書き残している。それによれば天皇は「梅津（栗原注・美治郎。参謀総長）及び海軍は、今度は台湾に敵を誘導し得ればたゝき得ると言つて居るし、その上で外交手段に訴へてもいゝと思ふ」（『細川日記』中公文庫、二〇〇二年）と述べた。米軍をどこかで叩き、その戦果をもって講和を模索する。いわゆる「一撃講和論」である。実際のところ、海軍の連合艦隊は前年一九四四年一〇月のフィリピン沖海戦で壊滅的な被害を受けており、「一撃」などできる状態ではなかった。陸軍は、沖縄に布陣していた三つの師団のうち、一師団を台湾に移動させた。米軍は台湾を素通りして一九四五年四月一日、沖縄本島に侵攻。戦力の三割が減っていた沖縄は三カ月と持たずに占領された。日本軍は戦略も戦術も間違っていた。

米軍の戦術変更、無差別爆撃

日本の為政者たちが「一撃講和」という幻想に固執している間、米軍は日本本土上陸に向けて空襲を激化させようとしていた。

Ｂ29の日本本土初空襲は一九四四年六月一六日未明、北九州で始まった。中国の基地から飛び立ち、八幡(やはた)製鉄所を狙った攻撃であった。この後しばらくは、Ｂ29の攻撃は精密爆撃が中心だった。主に軍事関連施設を狙うものだ。しかし期待したほど戦果が上がらなかった。それを民間人住宅街も軍事施設も区別しない「無差別爆撃」へと切り替えたのは、米陸軍航空部隊のカーチス・ルメイ将軍である。

ルメイは、偵察機が撮影した日本本土の写真をみて「ヨーロッパで襲われたような低高度用

図3　東京大空襲後，焼け跡の後かたづけをする市民．1945年3月14日撮影．毎日新聞社提供．

の対空火器がないことに気づいた」。そして「低空を飛べば燃料消費が少なく、そのぶん爆弾を多く積め、とりわけ夜間なら成功の可能性が高い、理にかなった作戦が思い浮かんだ」(カーチス・E・ルメイ／ビル・イエーン著、渡辺洋二訳『超・空の要塞：B-29』朝日ソノラマ、一九九一年)。

そして東京大空襲を行った。「われわれの計算しつくした上での賭けは、近代航空戦史上で画期的なできごとになった」。日本人からすれば、まさに「人類史上の真っ黒な画期」である。もちろん、ルメイにとっては明るい方向への画期であった。

さらに重要なのは、以下のくだりだ。

「焼夷弾空襲での民間人の死傷者を思うと、私は幸せな気分にはなれなかったが、とりわけ心配していたわけでもなかった。〔大量殺傷が〕私の決心をなんら鈍らせなかったのは、フィリピンなどで捕虜になったアメリカ人——民間人と軍人の両方——を、日本人がどんなふうに扱ったのか知っていたからだ」

ルメイは、民間人が犠牲になることを確認していたのだ。戦時下、日本軍による連合国軍捕虜への虐待は確かにあった。しかしだからといって、非戦闘員をまきこんだ無差別大量爆撃が正当化されるはずもない。実際、ルメイ自身が「もし我々が負けていたら、私は戦争犯罪人として裁かれていただろう」と振り返っている。

ただルメイの残忍な「作戦」は、彼個人の能力や意思だけで実現したものではなかった。

一九四三年、春のことだ。米ユタ州の砂漠に空襲の試験場があった。日本家屋のような木造住宅が建てられていた。中には布団と本棚、本まで置かれていた。砂漠に出現したこの「日本の町」は建築家、アントニン・レーモンドの知識を生かして再現されたものだ。この建築家は戦前、一八年間に渡り日本に滞在していた。

米軍が想定していたのは、焼夷弾による大規模空襲であった。親爆弾の中に四〇個近い子爆弾が入っている。子爆弾の中にはゼリー状のガソリンが詰めてある。空中で親爆弾が破裂、子爆弾が着弾して燃える。木と紙が主体の日本の住宅に、どれくらいの効果があるのかが調べられた。さらに念入りなことに、実験では日本人と同じ装備の「消防団」まで組織された。消火されないためには、どんな爆弾が効果的なのかを調べる、非道な実験であった。

米軍がその実験の成果を生かすべく、大規模な無差別爆撃を行ったのが一九四五年三月一〇日未明の東京大空襲だ。三〇〇機以上のB29が、隅田川沿岸など東京東部の住宅街に焼夷弾をばらまいた。死者は、東京都の推計では七万二〇〇〇人、警視庁の発表では八万三七九三人。戦後、研究者や遺族の調査によれば一〇万人に及んだともされる。およそ二六万戸の家屋が焼け、一〇〇万人以上が罹災した。

「日本に民間人はいない」

このころ、日本軍はもはや米軍とまともに戦える状態ではなかった。インドネシアなど産油地帯を依然として占領していたが、石油を運ぶための制海権と制空権を失っており、本土に送ることはほぼ不可能だった。このため、通常の学業が停止された生徒や学生が、「勤労動員」として松の木の根っこを掘り起こした。そこからとれる油をガソリンの代わりにするためだ。実際に航空燃料に使われた記録は確認されていないが、使おうとしても、役に立ったかどうかは分からない。他の戦略物資も欠乏していた。

武器も絶望的に足りなかった。たとえば敗戦間際の一九四五年六月ごろ、昭和天皇は以下の情報を得た。「海岸地方の防備が悪いと云ふ事であつたが、報告に依ると、海岸のみならず、決戦師団さへ、武器が満足に行き渡つてゐないと云ふ事だつた。／敵の落した爆弾の鉄を利用して「シャベル」を作るのだと云ふ、これでは戦争は不可能と云ふ事を確認した」(『昭和天皇独白録』文春文庫、一九九五年)。敵を迎え撃つ陣地を作る道具すら満足になかったのだ。

しかし、日本はまだ戦争をやめなかった。武器はなくても兵士を集めようとした。同年一月二〇日、「帝国陸海軍作戦計画大綱」は米軍の日本本土上陸を秋ごろと想定し、二四〇万人の防衛軍を編成し本土決戦に備えることとした。さらに、三月二三日、国民義勇隊の編成が閣議で決定された。続いて六月二三日、「義勇兵役法」が公布された。

第一条　大東亜戦争ニ際シ帝国臣民ハ兵役法ノ定ムル所ニ依ルノ外本法ノ定ムル所ニ依リ兵役ニ服ス／本法ニ依ル兵役ハ之ヲ義勇兵役ト称ス／本法ハ兵役法ノ適用ヲ妨グルコトナシ

第二条　義勇兵役ハ男子ニ在リテハ年齢十五年ニ達スル年ノ一月一日ヨリ年齢六十年ニ達スル年ノ十二月三十一日迄ノ者(勅令ヲ以テ定ムル者ヲ除ク)、女子ニ在リテハ年齢十七年ニ達スル年ノ一月一日ヨリ年齢四十年ニ達スル年ノ十二月三十一日迄ノ者之ニ服ス

同法によって、一五〜六〇歳の男子、一七〜四〇歳の女子を兵役に服させる、つまり戦争に

兵士として参加させる筋道がつけられた。

さらに注目すべきは、第三条である。

> 前条ニ掲グル者ヲ除クノ外義勇兵ニ服スルコトヲ志願スル者ハ勅令ノ定ムル所ニ依リ之ヲ義勇兵ニ採用スルコトヲ得

「志願」すれば年齢に関係なく、たとえば現代の小学生(当時は国民学校)の児童でも「兵士」となったのだ。兵士を集めるだけ集めて戦地に送る。武器弾薬の補給のあてがなくても。それが開戦当初から、日本軍の悪弊であった。その対象に子どもまで含まれてしまったことを確認しておこう。

この法律によって、どれくらいの国民が実際に「兵士」になったのかは不明である。ただ、法律上は「国民皆兵＝全国民の軍隊化」が成立したことになる。アメリカは、日本のこうした動きを把握していた。米陸軍の第五航空軍(当時、米軍では空軍は独立していなかった)のリポートには書かれている。「「義勇隊」の動員が命令された時、あらゆる民間人が民間人であることをやめた。(中略)義勇隊はすべての男、女、子どもを含むため、日本国の全人口が軍隊を援護する武装予備軍となった。日本国の全人口は正式な軍事目標となった。日本に民間人はいない」。これも人道に反する判断だ。

無差別爆撃の米将軍に日本政府が勲章贈呈

こうしたアメリカの認識を見ると、ルメイが自分の行った虐殺を正当化するのは、人間の性として自然なのかもしれない（筆者はまったく共鳴しないが）。アメリカには、ルメイが着任する前に周到な日本爆撃計画があった。ルメイは軍人の仕事としてそのレールを走っただけともいえる。ルメイがいなくても、別の将軍が虐殺の引き金を引いたかもしれない。

ともあれ、史実としてはっきりしているのは、虐殺を指揮したのがルメイだということだ。日本人の被害者や遺族が「鬼畜」「皆殺しのルメイ」と呼んだこの将軍は、第二次世界大戦終結後も本国アメリカで出世を重ねた。さらに一九六四年、日本政府はそのルメイに「勲一等旭日大綬章」を贈った。授章理由は「航空自衛隊の育成ならびに日米両国の親善関係に終始献身的な労力と積極的な熱意とをもって尽力した」（拙著『勲章　知られざる素顔』岩波新書、二〇一一年）ことであった。

時は自民党の長期政権、首相は佐藤栄作である。

「勲一等旭日大綬章」は、日本人では閣僚経験者クラスに贈られる勲章だ。叙勲の所管は内閣府の賞勲局だ。勲章の歴史を毎日新聞で連載していた筆者は二〇一一年、ルメイの叙勲について同局に聞いた。答えは「戦時中の問題については様々な議論があることは承知していますが、ルメイ氏は、戦後我が国の自衛隊の建設について非常に功績があったため、そのことを評価することは当然のことだと考えています」

「そのこと」を評価するのが「当然」であったとしても、「そのこと」以前の虐殺がなくなるはずもない。戦後、日本政府による失政はあまたあるが、筆者が見る限りこの叙勲はその中でも屈指の失政だ。自国民の無抵抗の一〇万人を虐殺した将軍を、日本政府は顕彰してしまった。歴史に黒々と刻印されるべきことであろう。

ルメイは戦争の後もスポットライトを浴び、かつての敵国日本から顕彰された。戦時中の残虐な無差別爆撃を正当化しようとする機会もあった。しかし彼の指揮による魔弾で殺された日本人の多くの庶民たちは、勲章どころか手向けの言葉すら受けることはなかった。その一部は、おそらく今も首都東京の土の中に埋まっている。

焼け焦げた人間の遺体が山に

さて、「死者一〇万人」という概数では、当時の凄惨(せいさん)な戦場の状況は見えてこない。戦火をかいくぐった人の体験を見てみよう。

大竹正春は、城東区南砂町(現江東区)で一九三一年に生まれた。祖母と父母、兄と姉、本人の六人家族であった。一九〇〇年生まれの父親は三八年に徴兵され、中国に向かった。二年後に生還した。しかし企業整備令(軍需産業以外の中小商工業を整理・統合するための法律。一九四二年に施行)のため家業のそば商ができなくなり、工場の勤め人となった。父親と入れ替わるかのように、大竹の兄が四四年秋に出征し中国へ。見送りに行った父は兄の部隊の装備が貧弱なのを見て驚き、「あれじゃあダメだ」と母に話していたという。

大竹がB29を初めて見たのはそのころだ。偵察だったのか、日中空高く悠々と飛んでいた。迎撃する日本機は見当たらなかった。その後、B29は日本各地での空襲を進めた。砂町周辺もたびたび爆撃された。母は仏壇に「撑拍撑揺(サムハラ)」と書いた紙片を貼って祈っていた。爆弾や焼夷弾が落ちないように、との願掛けだった。

そして三月一〇日の東京大空襲。それまでと規模が大きく違った。東からB29が数珠つなぎのように一機、また一機と飛んできた。低空で巨大な翼がはっきりと見えた。パッ、とあたり一面が真昼のように明るくなった。B29が、攻撃目標を照らすために落とした照明弾だった。すぐに焼夷弾が、「ザーッ」という音とともに、雨あられのように降ってきた。歩道に作られていた防空壕に近所の人が数人入っていた。「サムハラさま、サムハラさま」と拝んでいた。

図4　引き取り手のない空襲犠牲者の遺骨が収容されている，東京都慰霊堂(墨田区).

父の指示で外に避難した。火と煙の中を逃げ惑った。北西風が激しく、火の粉が横なぐりで舞った。はしごが空を飛んでいた。避難する人たちや荷物を積んだ大八車で身動きがとれなくなった。防火用水の水に手ぬぐいを浸して口につけた。工場の脇の空き地に多くの人がうずくまっていて、大竹もそこにうずくまった。夜が明けて周囲が見えるようになった。あらゆる物が焼き尽くされていた。マネキン人形のようなものがあちこちに横たわっていた。じきに焼け焦げた人間であることが分かった。別の場所では真っ黒な遺体が「どうしてこんなに積み上がったんだろう」というほど高く、小山のようになっていた。川に目を向けると、水死体が折り重なっていた。

「もしかしたら残っているのでは」と思い自宅のあった場所に戻ったが、一面焼け野原だった。ただ母親と焼け跡で再会できた。母親は煙のせいか、一時的に目が見えなくなっていた。そしてガタガタと震えていた。近くの防火貯水池に一晩中身を沈めていて助かったという。

父と姉、祖母は行方不明だった。大竹は母と二人で三人を探した。祖母と姉は遺体で見つかった。どぶ川で折り重なっていた。母は泣き伏した。通りかかった年配の女性に、「いつまでも泣いていないで、これで爪と髪の毛を切ってあげなさい」とハサミを渡された。その翌日、現場に行くと二人の遺体はもうなかった。どこかに仮埋葬されたと思われる。「多くの人が肉親の遺体に会えませんでしたから、そうした中では二人の遺体に巡り合えたのはせめてもの幸運でした」。大竹はそう思っている。母と二人で病院をたずね父を探したが、見つからなかった。

疎開で食糧難に苦しむ児童たち

戦況が悪化し、日本本土爆撃の現実味が強まるにつれて、政府は児童の疎開を進めた。都市部から空襲の恐れが少ない地方に子どもたちを移動させる政策である。目的は子どもたちの安全確保だけでなく、都市部の食糧不足を改善することと、空襲下の消火活動の足手まといにならないことであった。

親戚など引き取り手のある子どもは「縁故疎開」をし、そうではない子どもは集団疎開で地方の寺院などで生活した。

城森満（一九三二年生まれ）は東京・隅田川の東岸である本所区（現墨田区）の菊川町で育った。父の弘は弁護士で、アメリカに留学した経験があった。現地で大病を患い、ロサンゼルスの病院で手術を受け、命をとりとめた。カトリックの尼などが献身的に支えてくれた。帰国後は弁護士の仕事をしつつ、キリスト教の伝道に務めた。当時としては珍しい留学経験のある親米家で、アメリカの国力を知っていた弘は、開戦前に「戦争をしたら負ける」と断言していた。

弘と母の福子は子どもを疎開させるかどうか迷っていたが、最終的には父親が「かわいい子には旅をさせよう」と言い、国民学校の六年生だった城森は、妹のキサ子と共に学童疎開に参加することとなった。一九四四年八月の末、子どもたちは担任の教師に連れられて両国駅で列車に乗った。千葉方面に向かう列車の窓は板で塞がれていた。誰もはしゃいでいなかった。城森は「暗い世界に連れて行かれる思いがした」と振り返る。弟の康と尭は父母と東京に残った。

疎開先は千葉県環村（現富津市）。城森ら男児は学校の養蚕室の建物で寝泊まりし、女児は寺だった。空襲の可能性は少なく、のんびりした生活だった。問題は食事だった。小さい茶わんに六、七分目程度のご飯が一杯。「おかわり」はなしだ。朝はほとんど実がない味噌汁。昼と夜は魚か野菜などの煮付けが小皿に一つずつ。「食べ盛りの子どもたちが、これでもつわけがありません」。常に空腹だった。

食糧難は都市の方がより深刻だった。お金があっても自由に食糧を買うことはできない。米などの主食はもちろん野菜や魚肉などすべて配給だった。その配給さえ滞りがちだった。もっとも、軍やそれに連なる者たちと庶民とに格差があったことも確かだ。

外交評論家の清沢洌（きよさわきよし）が、配給を巡る当時の世相を日記『暗黒日記』(岩波文庫、一九九〇年)の一九四三年四月三〇日に記している。

世の中は星にいかりに闇（やみ）に顔。
馬鹿者のみが行列に立つ

という歌が流行している。

「星」とは陸軍の階級章を指す。「いかり＝錨」は海軍だ。配給の前に、軍は優先的に食べ物を支給された。「闇」とは非公式の流通ルートを指す。コネや金の力がものをいった。「顔」とは地域で強い影響力、権限を持つ「顔役」のことだ。こうした特権のない多くの庶民たちが「馬鹿者」として配給に列をなして立つ、ということだ。

ひもじい生活の中で、城森ら子どもたちの最大の楽しみは、東京から親たちが訪ねてくる時だった。親たちは乏しい配給などからためた食糧、芋やパン類、おにぎりなどを持ってきてくれた。甘い物は特にごちそうだった。城森たちは人目につかないように、口の中に詰め込むようにして食べた。仲間への「おすそわけ」も互いにした。

年が明けて一九四五年、訪ねてくる親たちなどの話から東京の様子が断片的に伝わってきた。空襲がますます激しくなっている様子も分かった。城森の父・弘も三月四日に疎開先を訪ねてきた。

家の近くに新聞記者が住んでいた。弘はその記者から戦争の様子を聞いていた。日本の同盟国であるドイツが追い詰められていることも分かっていた。弘は城森に「もう(戦争は)長いことはない。安心して帰っておいで」と話した。三日後の七日には母の福子が来た。芋やパンを持ってきてくれた。「もうしばらくしたら帰って来るのだから」と、疎開先にあった衣類を持って帰っていた。

城森は三月一八日、東京に戻った。自宅に向かう途中の道で、高熱にやかれたアスファルトが溶けていた。遺体を見ながら歩くと黒いがれきの山があった。それが自宅跡だった。弘が手作りした小銭を入れる缶が見つかった。中を見ると銅貨が溶けてくっついていた。「どれだけ熱かったのか。集団虐殺のような火災地獄で命を奪われたのだ」と、胸が痛んだ。さらに父母と末弟の尭が行方不明になった。城森と弟と妹三人は戦災孤児となり、東京郊外の母方の親戚の家に引き取られた。

天皇の被災地検分のために急いで片付けられた遺体

さて戦時下、東京都は空襲による死者を戦争全体で二万人程度と予想していた（拙著『遺骨戦没者三一〇万人の戦後史』）。ところが東京大空襲のたった一晩で一〇万人が亡くなった。平時のようにしかるべき施設で火葬し、埋葬することは不可能だった。かといって遺体を放置しつづけることはできなかった。この時点で政府は降伏する意思はなかった。国民の戦意低下、厭戦気分のまん延を防ぐためにも早く処理する必要があった。

このため公園や学校などへの仮埋葬を進めた。ただ遺体の数があまりにも多かった。さらに遺体の収容と埋葬を行う市民も甚大な被害を受けていることもあり、短期間で一気に埋めることはできなかった。優先順位を付けざるを得なかった。

こうした中で、昭和天皇が一九四五年三月一八日、都内の被災地を視察した。宮内庁が四半世紀をかけて編さんし、二〇一四年に公開された『昭和天皇実録』で、この日の「巡幸」の様子をみてみよう。

「去る十日の東京都内における空襲罹災地のうち、深川・本所・浅草・下谷・本郷・神田の各区を自動車にて御巡視になる。午前九時御出門、呉服橋より永代橋を進まれ、門前仲町を経て府社富岡八幡宮前において下車される。それより御徒歩にて参道を進まれ、九時十二分、本宮焼け跡前に仮設の御野立所に着御される」

その後は自動車に再び乗り錦糸町や上野、神田、大手町などを経て午前一〇時、皇居に戻った。「途中、車中において侍従長藤田尚徳に対し、焦土と化した東京を嘆かれ、関東大震災後の巡視の際よりも今回の方が遥かに無惨であり、一段と胸が痛む旨の御感想を述べられる」

確かに、未曽有の大災害だった関東大震災よりもはるかに大きな被害だった。違いは被害の程度だけではない。震災は天災、空襲は人災である。一義的に責められるべきは人道に反する空襲を行った米軍だが、勝てるはずのない戦争を勝てないと分かっていながら始め、負けが必至となってからもずるずると戦争を続けた日本の為政者にも、大きな責任がある。

権力の失態を暴き、責任を追及すべきメディアは、その役割をまったく果たしていなかった。昭和天皇の「巡幸」を、翌一九日の毎日新聞は一面で大きく報じている。横見出しで「天皇陛下・戦災地を御巡幸」、横見出しは「民草に御仁愛の御目／焦土に新たな滅敵の誓」

陸軍の軍服姿で歩く昭和天皇の写真もある。写真説明は「玉歩を被害地に進めさせ給ふ」とある。場所は「深川富岡八幡宮境内」だ。

空襲から一週間余り後。撮影された深川は壊滅的な被害を受けた地域だが、遺体は写っていない。もともと遺体があったのは確実だから、天皇が訪れる前にどこかに運ばれたのだろう。

筆者がそう想像して資料を読んでいると、『東京大空襲救護隊長の記録』に記述があった。大空襲の際、軍医として被害者救済に奔走した久保田重則の手記である。

「都内いたるところで死体の処理が行なわれたが、それでも、膨大な数にのぼった被災地域の死体は、なかなか処理できず、（中略）そのうちに、近く、天皇が被爆地域を視察されるということが内々で関係方面に知らされた。そして、巡幸路から見えるところだけでも何とか片づけるようにと鞭撻され、昼夜兼行で巡幸路付近の死体の片づけがつづいた。（中略）こうして三月十七日の夜までかかって、天皇の目につくところだけは、何とか片づけたというわけである」

焦土となった下町地域は川の街だった。西の隅田川と東の荒川の間にも多数の小川や掘割があった。そこに遺体が多数浮いていた。炎と熱風から逃れるために水に入った者が多かった。

久保田は「おびただしい数が海に流れて行ったはずなのに、まだ沢山浮いているのである。消防隊の鳶口（とびぐち）でひっかけて引き寄せておいて、ロープをかけて橋の上に引き上げるわけで、一体を運び上げるのに大変な手間がかかった」と振り返る。

膨大な死体を荼毘に付し、懇ろに埋葬することは不可能だった。それどころか手をつけることすら難しかった。とりあえず、天皇が巡視する場所だけは遺体を片付けなければならない。そういうことだった。その後収容された遺体は、ほとんどの場合遺族のもとに帰されることはなかった。公園や学校、寺、空き地などに急いで埋められた。戦争という国策の結果殺され、さらに死者としての尊厳も踏みにじられた。大日本帝国の政府にとって、国民より大事なのは天皇であり、天皇を頂点とした「国体」であった。

第2章
今日まで続く戦争被害

図5　鉄格子の収容施設に入れられた「浮浪児」たち．東京・お台場で1946年7月撮影．毎日新聞社提供．

保護者を奪われた膨大な孤児

厚生労働省の推計によれば、第二次世界大戦では、日本人だけでおよそ三一〇万人が死んだ。民間人の死者は八〇万人とされる。ただ年齢別の内訳について統計資料はない。無差別爆撃は殺された市民はもちろん、生き残った者たちに甚大な被害を与えた。たとえば戦災孤児だ。両親など保護者を奪われてしまった子どもたちである。

敗戦後の混乱期は、大人でさえ生きていくのが難しかった。そんな中で、保護者のいない子どもたちが生きていくのは容易ではなかった。盗みや詐欺、売春など犯罪に手を染める子どももいた。暮らす家のない子どもたちは駅舎や地下道などを「住居」とした。行政は、そうした子どもたちを「浮浪児」と呼んだ。たとえば『東京都戦災誌』（一九五三年）は、当時の様子を「戦災児・浮浪児が多数彷徨して、都内における種々の社会悪発生の原因となるものも少なくな」かったと、振り返っている。「犯罪者」扱いである。子どもたちがどうして「浮浪児」になったのかという視点は見られない。

東京都と警察などが協力し、しばしば「浮浪児」の一斉摘発をした。当時は、「狩り込み」

と言われた。新聞も行政当局の「浮浪児」観をそのまま報道した。たとえば一九四六年七月三〇日の毎日新聞には、「上野の浮浪児　一斉お掃除」などの見出しが付いた記事が掲載され、警察官らが「上野山内等付近一帯にわたって浮浪児狩りを行った」ことを報じている。メディアも、行政の「浮浪児＝犯罪者」という見方を支持したのだ。

「浮浪児」は、生きるために食べ物と仕事を求めて動き回った。たとえば進駐軍の食料などが集積する、湾岸に集まる子どもたちがいた。『新修港区史』(東京都港区、一九七九年)には「全国でその数およそ四〇〇〇といわれた浮浪児は、ここ港区にも芝浦の倉庫付近を中心に、当時つねに八十余名がたむろしていた。(中略)靴磨きや、あるいは掻っ払いなどをしては生活していた」とある。戦争孤児をどうするかは、社会的な問題となった。国会でも取り上げられた。

敗戦から一年後の一九四六年八月二三日、第九〇回帝国議会・衆議院建議委員会で、布利秋議員が戦災孤児の救護に関して政府に迫った。

「戦災孤児と云うものが、大都会の各所に今収容されて居りますが、殊に最も惨めなのは、浅草の東本願寺に収容されて居るのが、数も多いし又相当惨めな生活をして居ります。(中略)衰弱して行きます者が刻々死ぬると云うことで、薬を充てがうと云うても薬が与えられぬ、注射液などと云うものは全然手に入らぬと云うような状態にあります、又一方家庭的に預かって居ります戦災孤児と云うものは、其の監督が悪い為かどう云うのであるか、常に逃げ出して居る、逃げ出しましてそれが無宿者になってしまう」と指摘。政府に対応を求めた。

服部岩吉・厚生政務次官は答える。

孤児の人数は大体三〇〇〇人ほど。内訳は乳幼児が五〇〇人、学童二五〇〇人という。さらに「此の三千名の中に親戚とか或は又縁故者であるとか云うような面の保護を受けて居りまする者が一千五百名であります、其の外に公設、私設の社会事業施設に依って収容保護を致して居りまする者が、千五百名と云うような状況でございます」

孤児は三〇〇〇人、うち半数は親戚などが保護しており、他の半分は施設などが保護している、という。しかし、孤児の「三〇〇〇人」が根拠のないいいかげんな数字で、下限ですらないことはすぐに判明した。

さらに服部は、「国家の戦争に依って生じた所の是等の孤児は、先ず国の責任に於て是が保護育成をやって行かなければならぬと云うことを痛感致して居ります」とし、具体的には施設の設置を進める方針を示した。しかし、国による「保護育成」はなかなか容易には行き渡らなかった。

ＧＨＱは、こうした戦争孤児たちを放っておくと社会が不安定になると恐れた。このため日本政府に対応を求めた。一九四七年一二月六日、厚生省(当時)の通達により「全国孤児一斉調査」が行われた。GHQの外圧によってようやく行われたものだ。それによれば一九四八年二月一日現在で、全国で一二万三五一一人の「孤児」が存在した。内訳は、年齢別で一～七歳＝一万四四八六人／八～一四歳＝五万七七三一人／一五～二〇歳＝五万一二九四人であった。

種類別では戦災孤児＝二万八二四八人／引き揚げ孤児＝一万一三五一人／棄迷児＝二六四七人／一般孤児＝八万一二六六人、である(「種類別」の合計が孤児の合計と合わないが、典拠である『全国戦災史実調査報告書　昭和五七年度』のママ)。

「戦災孤児」とは、空襲で保護者を失った子どもである。「引き揚げ孤児」は南方や中国満州など外地から帰国する途中で家族が亡くなったり、離ればなれになったケースだ。「棄迷児」は空襲で保護者と離ればなれになった子どもである。最も多い「一般孤児」とは、主に学童疎開中に保護者を亡くした子どもたちだ。

これらの孤児がどこにいたかについては、親戚に預けられた孤児が最も多く一〇万七一〇八人、施設に収容された孤児が一万二二〇二人、独立した生計を営む孤児が四二〇一人であった。

戦争にまつわる孤児について厚生省は他にも調査をしているが、この約一二万人が最大の人数である。しかし、これはあくまでも国内の孤児にとどまるものであって、外地で孤児になった者を加えれば実際はもっと多かったことが確実である。

国内だけに限定しても、「一二万人」説の信憑性は低い。たとえばこの調査は東京大空襲から三年近く過ぎた時点でのものだ。孤児の歴史に詳しい浅井春夫が指摘しているように、「おそらく東京大空襲で発生した孤児のかなりの人数が、すでに社会のなかに〝吸収〟されてしまったのだろう。これでは戦争孤児の実相をつかめたとはいえない」(『戦争孤児たちの戦後史１　総論編』)のだ。

さらに言えばこの調査には、行政が把握できていない「浮浪児」は含まれていない。沖縄ではその調査すらされていない。「浮浪児」にはならなかったものの、養子縁組をした戦争孤児も含まれていない。さらに満州など日本の植民地や、サイパンなど戦前から植民地で多数の日本人が移民しており、戦争で民間人が巻き込まれた南方地域でも多数の子どもが保護者を奪われた。しかし厚生省はこの地域も調査していない。

ＧＨＱにせかされて孤児対策のために泥縄でやった調査とはいえ、ずさんなものだった。つまり「一二万人」は孤児数の下限であり、かつ実態より極めて少数の調査結果であると考えていいだろう。

敗戦後は大人でさえ生きていくのに苦労した。困窮者を支える公的な支援制度はゼロに近かった。保護者がいない子どもたちは、そんな社会で生きていかなければならなかった。その日の食事を手に入れることさえ難行だった。物乞いをして食べ物やお金を手に入れるか。あるいは盗むか。でなければ拾うか。いずれにしても、底辺の生活である。

また『東京都戦災誌』には、当時の都内の様子について「戦災児・浮浪児が多数彷徨して、都内における種々の社会悪発生の原因となるものも少なくな」かったと記されている。

社会の不安定化を恐れるGHQの意向を受けた日本政府は「浮浪児」と呼ばれた戦争孤児たちを拘束した。「狩り込み」とも言われた取り締まりだ。子どもたちが盗みなどの犯罪をおかしていたかどうかを確かめることなく、「浮浪」しているだけで自由を奪われたケースが多数あったと思われる。

「浮浪児」とおぼしき子どもたちの姿を収めた写真も多数残る。毎日新聞に残る一葉には、同月ごろに「東京品川沖の第四台場」とみられる場所で撮影された写真で、おりに収容された子どもたちの姿が捉えられている(『写真　昭和三〇年史』毎日新聞社、一九五五年)。

逃亡を防ぐためか、上半身がはだかの状態だ。自身が戦災孤児である吉田由美子(一九四一年生まれ)はこの写真を見て話す。「まるで野良犬のような扱いです……。親さえ戦争で殺されなければ、こんな哀れな姿になることもなかった。生きるために盗みをする子どもたちをだれが責められるでしょうか」

物を盗むのは犯罪だ。しかし孤児たちは戦争という国策の犠牲者である。吉田の言うように、責められるべきは子どもたちではなく、国策を間違えた為政者であり、孤児たちに十分な手当をせず「自己責任」とばかりに放置した政府である。また新聞は、「浮浪児」をおりに入れた行政の言い分だけではなく、おりに入れられた子どもたちの声を聴き、その実情をこそ分厚く伝えるべきではなかったか。メディアには巨大な戦争責任がある。「浮浪児」がなぜ「浮浪」しているのか、誰のせいでそうなったのかをしっかり報道しなかったことも、責任の一つだ。

引き取られた先での虐待

政府は孤児の人数を正確に把握しようとはしなかった。孤児たちの暮らしの実態の全体像の調査もしようともしなかった。それぞれ、大人になった孤児たちが独自で調査したり、国に補償を求める裁判などで発言したりすることによって明らかになってきた。

東京大空襲国賠訴訟原告団の一人、金田茉莉(まり)は一九三五年、東京・浅草で生まれた。三歳のころ父が病気で亡くなり、母の花江が野球用具の卸商を継いだ。姉の嘉子、妹の百合子の女四人家族だった。空襲が始まり、金田が通う富士国民学校は集団疎開をすることになった。花江はためらったが、金田は好きだった教員や友だちと一緒に行けると、「遠足のような気持ち」で、同校の児童およそ五〇〇人との集団疎開を選んだ。一九四四年八月のことだ。

疎開先は宮城県の蔵王山麓、鎌先温泉。児童は温泉旅館に分宿することになった。都会にはない自然豊かな環境で、子どもたちは当初こそ喜んだ。しかし日夜学校の延長のような生活は息苦しく、その反動もあって家族が恋しくなった。就寝の時間になると、泣き出す子どもがいて、それにつられて泣き声が増えていった。

九月に入って、母が鎌先温泉の金田を訪ねてきた。つかの間の面会の後、帰って行く母を金田はバス停まで送った。「私を見つめていたのですが、さびしい目でした。今も忘れません」。

明けて一九四五年三月。疎開していた六年生が帰京することになった。卒業式のためだ。金田はその一団に加わった。東京では空襲がますます激しくなっており、母は家族で自分の実家がある大阪に疎開することにした。そのため金田を六年生と一緒に帰してもらうべく、学校に強く希望しており、それがようやくかなったのだ。

温泉旅館を離れ、白石駅で夜行列車に乗ったのは三月九日。半年以上別れて暮らしていた家族とまた暮らすことができる。疑いもなくそう思っていた。

翌朝、列車は上野駅に着いた。線路沿いを歩く人たちはみなボロボロの服を着て、真っ黒な姿だった。教員の引率で学校へ向かう。「どこまで歩いても海のように焼け野原が広がっていました。そして黒こげの遺体や、マネキン人形が焼け焦げたような。最初は人間の死体だっていうこと、気がつかなかったんです」。見たことのない光景だった。なるべく死体を見ないようにして歩いた。地元浅草の観音、仲見世、自分たちの学校もなくなっていた。付近で唯一焼け残った浅草国民学校に向かうと、生き延びた大人たちがいた。親と子どもが再会し、無事を喜び合っていた。しかし金田の家族はいなかった。浅草に限らず、下町の国民学校では、卒業式に出席するために疎開先から帰京していた児童が多かった。そこを、米軍のB29が襲ったのだ。

「母たちは必ず生きている。私一人を残して死ぬはずがない」。数え切れないほどの遺体を見ても、金田はそう信じていた。東京への空襲は続いていた。金田は、まず叔母たちと奈良の親戚宅に身を寄せた。ほどなく兵庫県・姫路近郊の御着（ごちゃく）の親戚に引き取られた。母と姉の遺体が隅田川で見つかったという知らせがあったのは七月。妹は今も行方不明だ。一カ月後に戦争は終わった。空襲はもうない。金田はしかし、九歳で孤児になってしまった。敗戦は、金田のような孤児にとっては新しい苦しみの始まりであった。

敗戦後の一一月、金田は姫路の別の親戚である父の姉、伯母の家に引き取られた。自宅が焼けてからたった八カ月のうちに、三つ目の親戚宅であった。金田は高校を出るまで、この親戚宅で暮らすことになる。そこは夫婦と子ども七人の大家族だった。しかし、金田は家族ではなかった。

家の子どもたちから「早く出て行け」「お前は親戚中から捨てられた野良犬だ」などと言われた。何度も殴られた。親戚宅も空襲の被害を受けていた。敗戦直後の食糧難で、子だくさんでもあり、不安はつきなかったのだろう。そうした思いを金田にぶつけたのだろうか。「男の子だったら浮浪児になっていたと思う」。おやつは金田だけが与えられなかった。家の子たちは見せびらかすように食べていた。「お母さんたちと一緒に死んだ方が良かった。どうして私を一緒に連れて行ってくれなかったんだろう」と泣いた。何度も自死を考えたが、祖母から言われた「自殺すると天国にいるお母さんに会えなくなる」という言葉に思いとどまった。

早朝に食事の用意をし、学校から帰った後も家事に追われる生活が続いた。最もつらかったのは中学二年の時だ。疲労から体調が悪化し、起き上がれなくなった。家事を仕切っている家の長女から「怠け者」と激しくなじられた。「自殺でなく、病気で死んだら母のところに行ける。早く死にたい」と何度も思った。何とか回復したが、結核だと分かったのはだいぶ時間がたった後だった。

空襲で殺された母親は、まとまったお金を残していた。しかし引き取られた親戚からそのことを伝えられることはなかった。事情を知る人が働きかけ、高校に進学できることになった。しかし、伯母は学費を出すのをしぶった。ノートは従兄妹たちの使い古し。県立高校で学費は比較的安価だが、それも伯母は出そうとしなかった。半年間滞納し、中央廊下に「滞納者」として氏名を張り出された。恥ずかしさのあまり、「この世から消えてしまいたい」と思った。結局、従兄が「世間に知られたら家の恥になる」と支払った。

親戚宅では八年間暮らした。つらい思い出ばかりで、楽しい記憶は一つも無かった。友人の支援もあって高校を卒業し、上京。汽車賃は友人たちの餞別でまかなった。住む家がないので住み込みの仕事を探したが、「孤児」と分かると断られた。

茶の小売り店でようやく採用されかかったものの「布団を持ってきて」と言われた。それを買うお金はなく、あきらめた。何とか夫婦共働きの家のお手伝いで採用された。幼児の世話と家事全般をした。足元を見られて、給料は相場の半分以下だ。半年でやめ、飲み屋で働いた。教師になりたいという夢があり、そのためにはお金をためる必要があった。その後も雇い先の事情などで離職を余儀なくされ、職を転々とする。女子寮のある菓子店でようやく落ち着いた。正月三が日、女子従業員たちは帰省して、寮は人けが少なくなる。帰る場所のない金田は、

「底の無い寂しさ」を味わった。

空襲の前は、金田家では三姉妹が羽根つきやすごろくなどで楽しんだ。着物を着て浅草寺に参拝した。お年玉でめいめいが好きな物を買い、地元の和菓子店であんみつを食べるのが楽しみだった。幸福な家庭が確かにあった。しかし、「戦争で家庭がなくなってしまいました。天涯孤独の身です。たった一人で生きていかなければなりませんでした」

少しでもいい条件を求めてさらに転職した。経験から孤児は採用されないと分かっていたので「親はいます」とうそをついた。突然右の目が見えなくなったのは、二三歳の時のことだ。医者にかかると「成長期の栄養不足のためでしょう」と言われた。「左目も見えなくなったら、野垂れ死にするしかない。真面目に働いても、生きていくのが難しい。どうしてこんなに辛いことばかり起こるのか……。母たちと一緒に死んだ方が幸せだった」。空襲後、何度も思った気持ちがこの時もよぎった。

生きていくために、仕事を転々とした。保険の外交員をしている時に知り合った男性と二五歳で結婚し、二人の子どもに恵まれた。長い間生きることに執着はなかったが、新しい命を授かったことで「この子を親のない子にしてはいけない。私のような苦しみを味わわせてはいけない。生きよう」と決意した。

しかし心の傷は癒えなかった。ふとした折に、親戚宅で浴びせられた罵声がよみがえる。「怠け者！　横着者！」。家族で車に乗っている時、心臓が不意に高鳴った。「交通事故で、子どもだけが残されたらどうなるだろう」。数日外泊して帰宅する時には「家が燃えてなくなっているのでは」と不安と恐怖に襲われることもあった。この時診断を受けていれば、戦争体験と孤児としての体験、記憶によるＰＴＳＤと診断されていたかもしれない。

孤児だったことを隠した理由

金田はほかの孤児と同様、自らも戦争孤児であることを隠してきた。「だってそうだと分かれば、偏見や侮蔑の目でみられますから」

一九八四年、四九歳の時に転機が訪れた。胆のうに詰まった胆石を取り除く手術を受けた後、医師から言われた言葉に衝撃を受けた。「一日遅かったら胆のうが破裂して、命がなかったかもしれません」。敗戦後四〇年間、孤児としての経験は思い出さないように生きてきた。もちろん、みじめな境遇を他人には知られたくなかった。しかし死を身近に感じ、「命のあるうちに、戦争孤児の記録を残さなければ」と思い立った。

戦争体験者らを訪ね歩いて話を聞き、資料収集に力を入れた。そのなかで、空襲で亡くなった人たちが身元不明のまま焼かれたり、公園や空き地などに土葬されたりしたことを知る。「死者たちの無念さを伝えるために、自分は生き残ったのかもしれない」と述懐する。

一九八六年に設立された全国疎開学童連絡協議会(疎開協)に入会した。自分と同じように、集団疎開中に孤児になった人が多いことを知り、本格的な調査を進めた。口を閉ざす人が多いのは知っていたが、「孤児の私になら話してくれるのでは」と自らを鼓舞した。

一九九一年ごろから新聞記事などを頼りに孤児を捜し出した。連絡の取れた四〇人を対象にアンケートを実施したところ、二二人から回答があった。

「一番ほしかったもの」の質問に、全員が「親」もしくは「家族」と答えた。複数回答で、「一番つらいと思ったことは」について「遠慮して自分自身の心を抑え心を殺して生きる」と答えた人が一四人、「死を考えた」が一八人もいた。五〇歳を過ぎた人たちの苦しい胸の内を知り、「孤児の心の傷がどれほど深いのか、改めて思い知らされました」。「金田さんは孤児としては恵まれていたんですね。学校へ行かせてもらったし」「家族の遺体も見つかって」。そんなことも言われた。無差別爆撃で家族を殺され、引き取られた親戚宅で虐待された金田を「恵まれている」と感じる孤児たちがいたことを確認しておきたい。

三歳で孤児に

吉田由美子は一九四一年、東京の本所業平橋（現墨田区）で生まれた。現在、東京スカイツリーが建っている場所に近い。父は会社員。母は和服の裁縫や生け花の先生をしていた。吉田が生まれた半年後の一二月、日本は米英などとの戦争を始めた。開戦後は陸軍がマレー半島やフィリピンなどを占領し、海軍が米英の軍艦に大損害を与えるなどして日本軍が優勢だった。緒戦の相手は米英の本国軍ではなく植民地に駐屯していた軍で、戦備などが劣っていた。また戦争に前のめりだった日本と違い、アメリカは本土から遠く離れた戦争に巻き込まれることを嫌う市民の声もあって、おおっぴらに戦争準備を進めることが難しかった。日本軍の攻勢にはそうした背景があった。

しかし一九四一年一二月八日、日米交渉が継続されているうちに、日本の機動部隊がハワイの真珠湾を奇襲し米太平洋艦隊に大打撃を与えたことが、アメリカでは「だまし討ち」として受けとめられ、日本に対する戦意が高まった。もともとアメリカは石油などの戦争に必要な資源が日本よりはるかに豊かで、科学技術でも勝っていた。本格的に戦争に力を入れると、日本軍は後退を続けた。

ことに大きな痛手となったのは、前述のように一九四四年夏、サイパンなどのマリアナ諸島を米軍に占領されたことだった。米軍はここの基地を拠点にして、大型爆撃機B29による日本本土の爆撃を始めた。空襲が続けば国民が殺されるだけでなく、兵器などを作る工場も破壊される。日本が戦争を続ける事は非常に難しくなった。

一九四五年三月九日夜。帰宅した吉田の父親は「東京もいよいよ危ない」と、自分の実家のある新潟へ家族を疎開させることを決めた。両親は、生まれて間もない次女の世話と引っ越しの準備で忙しかった。三歳の吉田は、叔母に背負われて、近くに住む母親の祖父母の家に向かった。

その数時間後の一〇日深夜、三〇〇機以上のB29が東京の隅田川沿岸を襲った。B29は「焼夷弾」をばらまいた。ゼリー状の油をつめた爆弾だ。日本は燃えやすい木造の建物が多いため、これを焼き尽くすために開発したものだ。爆撃自体は二時間程度で終わったが、折から強い北風が吹いていたこともあって火災が広がり、およそ一〇万人が亡くなった。無抵抗の非戦闘員をも狙った虐殺であった。

吉田を背負った叔母は炎の中を逃げ惑った。「両親のもとに返してあげなくては」と命がけで吉田を守ったと、後に聞かされた。だが吉田の両親と生後三カ月の妹は、空襲で行方不明となった。遺体も遺骨も見つからなかった。吉田が預けられた親戚の家も焼けた。三歳で孤児になり、住む家がなくなってしまった。

空襲後、群馬県高崎市の祖母の実家に引き取られた。群馬県などの北関東は蚕の産地だった。蚕が作る繭は生糸になり、衣料の原料になる。当時の日本の主要な産業だった。吉田が引き取られた親戚の家の近くには、蚕の餌になる桑の畑が広がっていた。

幼かった吉田に細かい記憶は無い。わずかに覚えているのは、食事の時に桑畑に連れて行かれたことだ。そこで桑の実を取って食べた。「今思えば、どの家も食糧不足でしたから、突然の疎開だったからか、食べ物が無かったのでしょう」と話す。高崎では一年ほど過ごし、東京の母親の実家に引き取られた。さらに一九四七年夏、新潟県の父親の実家に移った。そこで半年ほど暮らした後、同県内にあった父方の伯母の家に引き取られた。会ったこともない親戚だった。空襲から三年ほどで四軒の親戚宅で暮らすことになったのだ。

何の罪もない戦災孤児を「たらい回し」しているようにもみえる。孤児たちのこうした転居は当時、珍しいことではなかった。無情のようだが、引き取った親戚の側にも事情があった。

戦争中、都市部では深刻な食糧不足の状態だった。現代と違いお金があっても欲しいものを買えたわけではない。敗戦後はさらに深刻になった。現代のような生活保護の制度はなく、国民は自分たちの力だけで生きていかなければならなかった。吉田が引き取られたいくつかの家も、生活に余裕がなかったのだろう。

「親と一緒に死んでくれれば良かった」

吉田は両親の顔も声も覚えていなかった。それでも「いつか迎えに来てくれる」と信じていた。初対面の伯母は六歳の吉田に言った。「空襲の時にお前も親と一緒に死んでくれれば良かった。死んでいたらお前を育てなくて良かったんだよ」。伯母の話で初めて、両親が死んだことを知った。

親戚とは血のつながりがある。しかし吉田いわく「私は家族ではありませんでした」。伯母の家は四人家族で、二〇歳の一人娘がいた。「その人はお嬢様。私はお手伝い」。掃除や食事の用意などの家事に追われた。過度の疲労と精神的なショックもあってか、ひどい下痢に悩まされた。下着を汚してしまうこともあった。伯母は怒り、雪の上に引きずり出された。裸足で立たされて水をかけられた。下痢は続いたが、医者には診てもらえなかった。四七歳のころ、腸の病気で手術を受けた。その時、医師から「子どものころ腸の病気をしましたね。ちゃんと治してもらわなかったんだね」と言われた。

一九四八年四月、地元の小学校に入学した。男子は黒、女子は赤いランドセルを背負っていた。「私はいとこが使い古した茶色いランドセルでした。赤いランドセルがうらやましくて……。親が生きていたらきっと買ってくれたのに」

小学校低学年の吉田は一日中働いた。朝・夕食の準備と後かたづけ。掃除。後に少し体力がつくと、畑仕事では肥やし（肥料）おけを持って、三、四十分の山道を運んだ。今の化学肥料ではない。人間の尿や糞が混じったものだ。疲れ果てた後の夕食は、「家族」の残り物だ。あるいは、仏壇にそなえられていたご飯。それにお湯をかけて食べた。「夏場はご飯が傷むから、水であらって食べました」

両親を戦争で亡くした幼い子どもに、しかも親戚がなぜそんなにひどい仕打ちをするのか。吉田は「みんな戦争で苦労していましたから。孤児を引き取った家も経済的にも苦しい場合が多かったのでしょう。そうしたストレスが、私たち子どもに向かってしまったんですよ」

本来、政府が孤児を引き取った家族を経済的に支援するべきだった。しかし敗戦の後、連合国軍に占領されたままの政府にその能力はなかった。孤児を結果的に親戚などに押しつけたままにしたのだ。

吉田が三年生の時、図工の授業でクレヨンで絵を描くことになった。しかし、なぜか色を塗ることができなかった。異常を感じた教師が家庭訪問してきた。対応した伯母は、教師が帰ると「先生に何を言いつけたのか、言いなさい」と激怒した。吉田は殴られたりつねられたりした。

小学校では入学式や運動会、学芸会などさまざまな催しがあった。学校は、撮影した写真を有料で配っていた。しかし「お手伝いに写真はいらない」と、ただの一枚も買ってもらえなかった。

虐待される日々で、学校だけが心が安まる場だった。担任の教師は吉田が黒板を消すなど仕事を手伝うとほめてくれた。「家ではうまく仕事ができて当たり前。ほめられることはありませんでしたから。ほめられるよろこびを知りました」。また放課後一時間ほど、教室に残してくれるようになった。家にいる時間をできるだけ短くするためだ。図書室で偉人伝を読むのも楽しみだった。

中学生になり、体力がついてくると畑仕事が増えた。家ではまともに勉強する時間はない。中間、期末テストの前は農作業着のポケットに、暗記しなければならないことを書いた紙を入れ、作業の合間を見て勉強した。中学卒業が迫り、進路を決めることになった。伯母からは就職するように言われた。しかし校長と担任の教師が家に来て、伯父に「この子の力を伸ばしてほしい」と進学を勧めた。

県立高校に合格し、進学した。しかし吉田は不安だった。伯母は吉田の父親の学費を出していた。父親はそれを返す前、三〇歳の若さで死んでしまった。伯母は「親の学費も返してもらっていないのに。今度はお前の学費も出さなければいけないのか！」と言った。「高校で勉強についていて行けるのか。それに、最後まで学費を出してくれるのだろうか。ずっとこんな嫌みを言われ続けるのか……」。「死のうと思った」が、思いとどまった。

家族ではない「お手伝い」のままだったが、高校三年間は充実していた。成績優秀者にも選ばれた。「進学を勧めてくれた中学の先生たちに恩返しができた」と思った。

卒業後は神奈川県内のデパートに就職した。寮生活で、辛い生活が続いた伯母の家を出ることができた。がんばった分だけ評価されることが新鮮だった。ベビー用品売り場の責任者を任された。やりがいのある仕事で、自分の意見を言うこともできた。二三歳で結婚した。男の子二人に恵まれた。「両親の血を受け継いだ子どもを残すことができた」とうれしかった。「私は孤児でさびしい思いをしたので、子どもたちにはそういう思いをさせたくありませんでした。だから小学校の低学年ころは仕事をしなかったんですよ」。三歳で親を奪われたため、「子どもをどう育てていいか分からなかった」が、精いっぱい愛情を注いだ。

一九九五年、生活がようやく安定したころ母の妹(叔母)に会ってみたい、という気持ちが高まった。大空襲の際、三歳だった自分をおぶって逃げてくれた「命の恩人」だ。しかし、すでに亡くなっていたことが分かった。両親を奪い、自分の人生まで変えてしまった戦争。そしてそれを始めた国に対する憤りを抑えきれなくなっていった。金田と同じく、後述の国家賠償請求訴訟に加わることになる。

親戚をたらい回しにされ

星野光世（一九三三年生まれ）は、東京・本所区（現墨田区）で生まれた。実家はそば屋。家族は両親ときょうだいが五人、親戚の青年が三人働いていて、大家族だった。家の目の前に路面電車が走っていて、かいわいは繁華街だった。店はいつも忙しく、活気があった。

街の子どもたちは毎日、暗くなるまで遊んだ。男児はベーゴマやメンコ、チャンバラごっこなど。星野たち女児はまり突きやお手玉に興じた。ときおり、デパートに連れて行ってもらった。屋上にメリーゴーラウンドのような遊具があった。回転するのは馬ではなく象。本物の象と同じくらいの大きさで、木造だった。「デパートのお姉さんに乗せてもらうと音楽が流れてきます。象が上下に浮き沈みしながら、ゆっくり回るんです。この象さんに乗せてもらうのがとても楽しみでした」

正月には晴れ着を着て、店の前で妹と羽根つきをした。穏やかで幸せな日々だった。しかし戦争で生活が少しずつ変わり始めた。一九四四年八月、暑い盛りだった。通っていた国民学校が集団疎開することになった。疎開先は千葉県小糸村（現君津市）の寺だ。

年を越した三月。寺の庭に灰色の物が飛んできた。燃えかすのように見えた。大小のそれが空を覆うようになった。米軍の無差別爆撃で焼き尽くされた、東京東部の下町から飛んできたものだった。実家の家族は無事なのか、星野は不安だった。寺には、疎開している子どもを空襲を生き延びた親や親戚が引き取りに来た。女児を母親が迎えに来た。「幸せだな」とうらやましかった。

やがて星野のところにも、母方の伯父が来た。「お父ちゃんもお母ちゃんも死んでしまったよ」。第一声がそれだった。不思議に涙がでなかった。悲しみもすぐにはわいてこなかった。「おそらく、それまでにも同じような子どもを何人も見ていたからだと思います。両親が亡くなって、親戚が迎えに来てさびしそうに去って行く子どもたちを」

両親だけでなく、兄と妹も亡くなった。生き残ったのは一一歳の星野と、千葉県の母の実家に疎開していた八歳の妹、四歳の弟の三人だった。幸せだった家庭は焼き尽くされた。集団疎開のため実家を出る時、母が言った。「学校までおくっていこうか？・」。星野は答えた「いいよ、そんな大きなお腹で」。それが最後の別れになってしまった。母は臨月だった。空襲は父母と兄妹、母のお腹の中にいた赤ちゃんと五人の命を奪った。

残された三人はまず千葉県の母の実家に、さらに新潟県の父の実家に引き取られた。祖母は厳しく、貧しい生活だった。三度の食事はお湯の中に米粒が少し浮いているだけの、雑炊とも言えない「飲み物」だった。さらに、隣村の叔父宅に引き取られることになった。行ってみるとその家は子どもが六、七人いる大家族で、星野はちゃんと面倒をみてもらえるかどうか不安になった。このままでは三人がばらばらになってしまう。そう思い、わずか一晩で祖母の家に戻った。

敗戦後、出征していた叔父が祖母の家に帰ってきた。しかしその家では、星野ら子ども三人を養うことはできなかった。四歳の弟はその家に残り、星野と妹は母の実家に引き取られた。星野のように、親戚を転々とした孤児は多い。引き取った家それぞれに事情があった。一家の稼ぎ頭が戦争で出征していて不在だったり、もともとが大家族で実子を育てるのさえ苦労していたり。敗戦後は国の社会福祉がほとんど機能せず、引き取った親戚に負担がもろにおよんだ。そしてそのストレスのはけ口は、何の罪もない孤児たちに向かいがちだった。

星野が引き取られたのは大きな農家だった。自然の中で働くのが性に合い、体が丈夫になった。「両親が空襲で亡くなった時点で学業はあきらめていた」という。中学生になると、農繁期には一カ月近く休学して農作業を手伝った。義務教育すら満足には受けられなかった。

幸せになっても残る喪失感

二〇歳になるころ、他の農家から結婚の話が来るようになった。農業は好きだったが、一生農村で暮らすつもりはなかった。故郷の東京に戻りたいと思っていた。「農業を手伝ったのは、戦争で親が亡くなった後に育ててもらった恩返しのつもりでした。成人したら自分の生きる自由が許されると思っていました」

周囲は反対した。地元では、農家から東京に働きに出る若い女性はほとんどいなかったという。何とか説得し、上京した。頼りになる人はいない。不安でいっぱいだった。千葉から国鉄で東京に向かい、錦糸町駅で降りた。ネオンがまばゆく、街が華やかだった。しかし「美しいな」と思う心の余裕がなかった。「いつか、この東京のネオンを心から「きれいだな」と言えるようにがんばろう」と誓った。

精肉店の住み込み。ついで建設会社や電器店などで働いた。日本が独立を回復した一九五二年に結婚し、長女と長男が生まれた。狭い家だったが、子どもたちが走り回って遊ぶのを夫婦で見守るのが楽しかった。子どもが育って結婚し、孫も生まれた。家族が増えて幸せを感じていた。それでも、戦争で奪われた家族の喪失感を埋めることはできなかった。「母さんに結婚式を見てもらいたかった。孫も抱いてもらいたかった」

二〇一三年、すみだ郷土文化資料館(東京都墨田区)での企画展に出品するため、孤児体験画を描き始めた。自身を含む一一人の体験を、主に色鉛筆で淡く描いた。子どもたちの表情は時にあどけない。しかし題材は、黒々とした戦争被害だ。そのコントラストが悲劇性を際だたせる。「事実を描くことで、何かが伝わればいい」と考えた。二〇一七年には、孤児たちの体験を描いた『もしも魔法が使えたら――戦争孤児11人の記憶』を刊行した。

大人でさえ生きていくのがやっとの戦中、敗戦直後の社会に、生活力に乏しい子どもたちが放り出された。神戸大空襲で孤児となり、「もらうか、拾うか、盗(と)って食うか」しかない生活を強いられた男性や、山形県での空襲で両親を失い、東京・上野で浮浪児になった女性の回顧などが描かれている。「冷たい仕打ちをした大人たちも平和であれば優しい人だったかもしれません。戦争が人間を変えてしまいました」と、星野は言う。本のタイトルは、魔法を使えたら貧しくても父母がいる「ふつうの家庭に行ってみたい」という、孤児の気持ちが込められている。

前述のように、戦争孤児の正確な人数や生活の実態などは、国がまともな調査をしておらず、全体像が分からない。また本人たちが長く沈黙を守ったこともあって、アカデミズムやジャーナリズムの体系的な調査や研究は進んでこなかった。星野は「体験者が生きているうちに描かないと。本当のことが伝わらない」と使命感をにじませる。

海外の戦争孤児たち

戦争孤児は海外にも多数いた。日本は第一次世界大戦で戦勝国になり、敗戦国ドイツが持っていた植民地を引き継いだ。国際連盟の委任統治という形だったが、事実上は日本の植民地となった。それがサイパンやパラオ、トラックなどの南洋諸島である。極東にある大日本帝国にとっては、西太平洋、南太平洋に勢力を延ばす重要な拠点であり、「海の生命線」とも言われた。すなわち安全保障上でも重要であった。

政府は一九二一(大正一〇)年に国策企業、南洋興発を設立した。植民地経営のための機関だ。さらに翌年、植民地行政の拠点となる南洋庁を開設し、パラオ諸島のコロール島に本庁を置いた。植民地を開発、経営するためには本土からの移民が不可欠だ。開発移民の主な募集地は沖縄であった。

開国後の日本は人口が急増する一方で、その労働力を吸収する産業が育っていなかった。主産業は農業だったが、農地が足りなかった。このため明治の時代から海外への移民が進んだ。中国東北部の満州やハワイ、南米などだ。沖縄は特に移民が多い県だった。開戦前年の一九四〇年、およそ五万七〇〇〇人が海外で暮らしていたとされる。これは県民総人口の一割に近かった。

南洋諸島、フィリピンへも多数の沖縄県民が渡った。沖縄では働き口が少ないことと、気候風土の面で本土に比べれば南方との違いが少ないことが背景にあった。移民先では工事や農業などで労働力の需要があった。移民たちは営々と財産を築いていった。さらに地元沖縄に送金をすることで、故郷の経済を支えた。

大城スミ子は一九三五年、サイパンで生まれた。父の仲村渠宗蒲（なかんだかりそうほう）、母のゴゼイは沖縄出身だ。姉のトシ子、弟の新榮、新次、孝の七人家族だった。「両親は一生懸命サトウキビを作っていました。生活には余裕がありました」。農作業は、他の移民家族と助け合って進めた。「楽しく暮らしていました。夜、家で現地の国民学校で習った唱歌を歌うと、父が三味線で伴奏してくれるのがうれしかった」

一九四一年一二月八日の開戦後、大日本帝国は連合軍を相手に各地で戦果を挙げた。オランダ領のインドネシア、イギリスの植民地だったシンガポールを占領し、米軍をフィリピンから追い落とした。開戦に慎重だった昭和天皇は連戦連勝を喜び、開戦から三週間たらずの同月二五日に「平和克復後は南洋を見たし、日本の領土となる処なれば支障なからむ」(『小倉庫次侍従日記——その疑惑と真相』)と期待を膨らませている。さらに翌年三月九日にも喜びながら「余り戦果が早く挙り過ぎるよ」と話した(『木戸幸一日記』東京大学出版会、一九六六年)。

緒戦の「快進撃」にはいくつか理由がある。連合国の柱であったイギリスはナチス・ドイツとの死闘を続けており、遠く極東に援軍の兵力を割く余裕はとてもなかった。アメリカも、政治レベルでは対日戦を覚悟していたが、国民の間には戦争に巻き込まれることを嫌う声も多く、大規模な軍事的準備をすることができなかった。開戦後はフィリピンにいた米軍が日本に押しまくられる中、やはり援軍も補給も送ることができなかった。またオランダはこの時、植民地を守るどころかドイツに敗れて本国政府がイギリスに亡命している状態であり、とても抗戦を続けられなかった。

つまり、戦争準備を進めていた日本の陸海軍が、連合国の脆弱な植民地軍を攻撃したことによって、「快進撃」となったのだ。しかし国力ではるかに優るアメリカが態勢を整えると、日本軍は次第に劣勢となった。米軍はフィリピンのみならず、マリアナ諸島などにも迫った。一九四四年に入ると、日本軍は陸海空ともに圧倒された。

開戦、移民たちの苦難

大城たちが家族で穏やかな生活を送っていたサイパンでも、戦時色が濃くなっていった。米軍のサイパン上陸が確実視されるなか、日本軍は守備隊を増強させた。兵士を収容するために、学校が使われた。大城が通っていた学校もそうだった。「山の中で勉強していたんですよ」。だが、空襲警報が頻繁に鳴るようになった。「そのたびに防空壕に避難しました。勉強どころではなくなっていきました」

一九四四年六月一五日、米軍が上陸した。総理大臣と陸軍大臣、陸軍の作戦の最高責任者である参謀総長まで兼任していた東条英機は「サイパンは難攻不落」、つまり攻めるのが難しく攻略されることはないと豪語していた。

このころの日本軍の戦術思想では、上陸してくる敵を水際で撃退するのが基本であった。敵が兵力で勝っていても、同時に全てが上陸できるわけではない。かつ、海から陸地に上がってくるために動きがにぶくなりがちだ。そこに迎撃の戦力を集中して海に押し戻す、という作戦である。そのために海岸線にトーチカ(鉄筋コンクリートを使用した防御陣地)などを築き、迎え撃つ準備をした。

しかし、米軍は上陸する前に、海上の戦艦などによる艦砲射撃で日本軍陣地を攻撃し、航空機による爆撃なども行った。この結果、日本軍守備隊は上陸する米兵をたたく前に壊滅状態になってしまった。圧倒的な兵力で攻める米軍に、日本軍守備隊は後退を続けた。多数の民間人も巻き込まれた。敵の上陸が必至である以上、市民は本土などに避難させておくべきだったが、十分に進まなかった。残った市民へのまとまった聞き取り調査などは確認されていないが、理由として考えられるのは、(一)市民らが財産などを置いて現地を離れることを拒んだ、(二)日本軍守備隊の勝利を信じていた、(三)引き揚げ船の数が足りなかった、などが考えられる。

九カ月後の沖縄戦がそうであるように、サイパンでは市民が戦火を逃れるべく逃避行を続けた。その中には大城の一家があった。砲爆撃が続く中で、最初に父が亡くなった。できるだけ安全な壕を探し歩くうち家族はバラバラになってしまった。大城は母親と一緒にある壕に入った。大城は壕の中にいたが、母は入り口近くにいた。付近が爆撃され、母が死んだ。「怖くて何もできませんでした。ただ震えていました」。やがて米兵が来て、トラックに乗せられた。「殺されると思いました」。収容所では食事が配給され、大城は助かった。

いずれ生き残った家族とここで会えるはずだ。大城はそう思っていた。しかしだれも収容所には来なかった。「みんな亡くなってしまったのだと知りました。家族で楽しかった日々を思い出し、泣いてばかりいました」

大城はサイパン戦の当時、推定九歳。年齢が分からないのは、昭和一〇年に生まれたことが分かっているものの、誕生の月日がはっきりしないからだ。サイパンの行政機関に戸籍があったのかもしれないが、今となっては確認のしようもない。戦争は人の命を奪い、生き残った大城らの誕生日まで奪った。

七人家族の中でただ一人生き残った大城は、両親の出身地沖縄の親戚に引き取られた。「その家に慣れたな、と思ったら他の家に移ることになりました……。仕方ありません。どの家も生活が厳しかったのでしょう」。確かに、凄惨な地上戦で荒廃した沖縄では、子ども一人を養うのも負担が大きかったのだろう。

大城は勤めていた米軍の弾薬工場で知り合った男性と結婚した。「サイパンにいたときも大家族だったから、大家族だったらいいな、と思っていたんです」。子ども八人に恵まれた。ようやく得た幸せだ。しかし「子どもが成長してくると、「ああ、自分がこの子の歳の時に、私の家族は亡くなってしまったな」と、家族の事を思い出して……。悲しくなりました」

金田のケースで分かるように、戦争孤児は長く沈黙を守った。第三者に自分の経験を語ることをためらった。家族にさえ詳しいことを言わなかった孤児もいる。孤児と知られれば差別される。またつらくみじめな体験を他人に知られたくない。思い出したくもない。そうした気持ちからだった。

筆者が本格的に孤児の聞き取りを始めた十数年前、孤児の女性に断られたことがある。「……話すと、親戚の悪口になってしまいますから」。今まで見たように、引き取られた親戚宅でひどい目にあった孤児が多い。実子とあからさまに差別される。使用人のようにこき使われる。恩着せがましく「育ててやっている」などと言われる。引き取った親戚が孤児の保護者の財産を横取りする、というケースもあった。

「ただ、」とその女性は言葉を継いだ。「今思えば、引き取った親戚も生活が苦しかったんだと思います。向こうとしては、「できることはやった」という認識なのでしょう」

忘れたかったつらい体験を思い出し、他者に伝える。そういう孤児たちが近年、口を開き始めている。敗戦後、孤児たちの実情をしっかり報道しなかったメディアであればこそ、彼ら彼女らの体験と記憶を歴史に記録しなければならない。

第3章
民間人差別　国の論理

図6　手押しポンプとバケツリレーの防空演習．実際の空襲では大火災を防ぐことはできなかった．1943年，大阪で撮影．毎日新聞社提供．

戦時下は官民平等だった戦争被害補償

一八九四～九五年の日清戦争以来、日露戦争(一九〇四～〇五年)、第一次世界大戦(一九一四～一八年)と、日本は一〇年ごとに戦争をしていた。その後も満州事変、日中戦争と戦争まみれの国だった。これらの戦争はすべて海外が舞台だった。日本の本土が戦火にみまわれることはなかった。いわゆる「銃後」があり、徴兵されない男性の高齢者や女性、子どもたちなどの非戦闘員たちは、国から最前線で戦う兵士を支援する役目を任じられた。

しかし、第二次世界大戦に「銃後」はなかった。航空機をはじめとする兵器の「進化」が、戦場を日本国内に引きずり込んでしまったのだ。たとえば開戦四カ月後の一九四二年四月一八日、米爆撃機B25の一六機が東京と横浜、名古屋、神戸などを空襲した。この作戦は、戦術の常識を完全に逸脱していた。米海軍は航空母艦(空母)、「ホーネット」から陸軍の爆撃機を飛ばしたのだ。空母は「洋上の航空基地」とも呼ばれるが、飛行甲板は長くても二〇〇メートル余りで、陸上の基地よりははるかに短い。このため、比較的小型で軽量の艦載機が離発着する。しかし陸軍機のB25は大型で、そもそも空母からの発進を前提としていない。

また、通常なら艦載機は母艦に帰ってくる。しかしこの作戦では帰艦は初めから考えていなかった。爆撃後は、中国で日本軍と交戦している国民党政府の基地に向かうことになっていたのだ。日本軍は前年一二月八日のハワイ・真珠湾奇襲、マレー半島上陸から勝利を重ねていたが、完全に不意を突かれた。政府は「被害は軽微」と発表したが、死者およそ九〇人、負傷者五〇〇人の大惨事となった。

アメリカは開戦たった四カ月で日本の首都を空襲できた。一方の日本がアメリカ本土の首都や主要都市を爆撃することは不可能だった。戦争の先行きを示すような、米軍の奇襲だった。その重要性を悟ってか、政府は一九四二年に「戦時災害保護法」を成立させた。敵機の空襲や砲撃などによる被害のみならず、味方の高射砲や交戦国ではない国が敷設した機雷による災害をも「戦時災害」として、被害者と遺族に補償を行うものだ。

同法による民間人に対する補償と援護は、一九四三年が三二八四件で総額二〇万円、一九四四年は一二六万三六〇一件・一五三三万円、一九四五年は一五九七万七七〇四件・七億八五六〇万円であった。教員の初任給が五五円の時代だ。十分とは言えないにしても、それなりの補償があった。

同じ時期の軍人・軍属に対する補償と援護は一九四三年＝一九七万七一八五件・一億八四万

円、一九四四年＝二四八万七五六件・一億五五五八万円、一九四五年＝二九七万九五六二件・二億二七七一万円であった。全体として、軍人・軍属より民間人戦争被害者に対する補償と援護の方が手厚かったことを確認しておこう。

軍人恩給は復活、民間人補償は復活せず

戦争にまつわる国の補償制度は、敗戦によって大きく変わった。一九四五年一一月、ＧＨＱ渉外局は日本政府に対して、以下のように軍人恩給の停止を命じた。

「日本に於ける軍人恩給制度は他の諸国に類をみない程大まかなものであったが、この制度こそは世襲軍人階級の永続を計る一手段であり、その世襲軍人階級は日本の侵略政策の大きな源となったものである。日本人の一部が軍人となることに魅力を感じている主たる理由の一つは恩給がよいということにある。他の階級に比べて生活の苦しい農民は、恩給があるが故に、その子弟を軍隊に送ったのであった。（中略）現在の惨怛たる窮境をもたらした最大の責任たる軍国主義者が他の犠牲において極めて特権的な取扱いを受けるが如き制度は廃止されなければならない。われわれは、日本政府がすべての善良なる市民のための公正なる社会保障計画を提示することを心から望むものである」

さらに、ＧＨＱ経済科学部長のクレーマは述べた。「日本の軍人恩給制は、世界に類例をみない悪辣極まるもので、軍人生活に魅力を与えるために、一般の社会福祉施設との差が余りにも大きい不公平千万なものである。誤解のないようにここに力説するが、予は老人、寡婦、孤児から生活の資を奪うといつているのではない。ただ、軍人であつたから、あるいは、軍人の遺族であるがために一般国民中困窮している人達と差別的に優遇されるという制度を排除するだけのことである」

敗戦国の政府に拒否する選択肢はない。翌年二月、軍人恩給は停止となった。ただ、ＧＨＱは社会保障そのものを否定したわけではない。「われわれは不幸なる人々に対する適当な人道上の援助に反対するものではない。養老年金や各種の社会的保障の必要は大いに認める」とした。ただし「これらの利益や権利は日本人全部に属すべきであり、一部少数の者のものであつてはならない」とくぎを刺した。

ＧＨＱは、先にみた「戦時災害保護法」も廃止させた。戦争被害に対しては、軍人であるか民間人であるかを問わず同じ社会保障制度の中で対応すべきであるという考えに基づいていた。かくて戦争被害者は生活保護法体系のもと、国との関係ではなく、被害の程度に応じて援護されていた。しかし日本政府に、この法体系を守り続けるつもりはなかった。

一九五一年にサンフランシスコ講和条約が締結され、翌年には日本政府の主権回復が決まった。政府は回復前の早くから、元軍人・軍属らへの補償・援護策を模索していた。軍人らが、民間人より犠牲が多かったことは事実だ。当然、遺族も軍人の家族の方が多い。軍人に比べれば被害が少なかった民間人と同じような社会保障でいいのか、という認識は政府の内外にあった。また軍人恩給の復活は、元軍人や遺族らの悲願であった。軍人の多くが敗戦で失業していた。不況とかつての軍国主義に対する嫌悪感もあって、再就職に苦しむケースが多かったと思われる。一方で、政党や政治家にとって膨大な元軍人と遺族らは無視できない存在であった。

主権を回復した一九五二年、政府は満を持して「戦傷病者戦没者遺族等援護法」を制定した。「軍人軍属の公務上の負傷若しくは疾病又は死亡に関し、国家補償の精神に基き、軍人軍属であつた者又はこれらの者の遺族を援護することを目的とするもの」(『引揚げと援護三十年の歩み』)であった。公務によって負傷もしくは病気になった者に対する年金の支給や、戦没者の遺族への年金などからなる。

政府はさらに一九五三年、かつて日本を支配していたＧＨＱが「世界に類例をみない悪辣極まる」と評した軍人恩給を復活させた。軍隊での階級や在籍期間に応じて、死ぬまでそれぞれの金額を支給するものである。

軍人恩給は、国が退役軍人に生活の支えを支給した年金制度で、一八七五年に創設された。一九二三年に文官(事務官、技官)や教職員などへの恩給を統合し、現行の恩給法が施行された。戦後は公務員共済年金に移行したが、移行前に退職した公務員に対しては、軍人恩給の対象だった者と同様に恩給が支給されている。ただ、九〇パーセント以上が軍人関係者だ。

軍人恩給復活の後も、政府は旧軍人・軍属と遺族に対する援護を拡充していった。一九五八年に準軍属制度を創設。「国家総動員法」に基づく「国民徴用令」によって徴用された者、勤労動員の学生や生徒、軍の要請で戦闘に参加した民間人、防空業務に従事した警防団員らである。

一方、民間人も対象としていた戦時災害保護法は復活させなかった。軍人・軍属らは国が雇用していた。しかし民間人はしていなかった。だから前者には対応するが、後者にはしない。それが国の言い分だ。敗戦までその民間人に補償をしていたにもかかわらず。同じ戦争被害者でも、国家権力に近い者ほど補償や援護が手厚くなり、遠い者ほど薄くなるという「国の文法」の始まりである。

軍人恩給は遺族にも支給される。恩給は物価水準に合わせて変わる。支給額は一九五二年の復活以来、一九八〇年代までほぼ一貫して増えた。一九七七年度に初めて一兆円を超えた。一九八三年度には一兆七三五八億円と、これまでの最高額になっている。以来減少傾向になるものの、二〇〇五年度までの二八年間、年間一兆円を超えていた。近年は毎年数万人規模で対象者が減少し、支給総額も減っている。

二〇二〇年現在、軍に一二年以上在籍した者の最低額は一一三万二七〇〇円。九年以上ならば八四万九五〇〇円、六年以上は六七万九六〇〇円、六年未満では五六万八五〇〇円だ。この最低額に、階級や勤続年数などによって加算され、個人の支給額が決まる。軍人の最高位である大将ならば八三三万四六〇〇円が支給される。二〇二〇年現在、恩給受給者は二二万二〇〇〇人。支給総額は一五八三億円である。

雇用はしないが拘束はしていた——防空法

確かに、空襲など多くの戦争被害者は国に雇用されていなかった。一方でさまざまな権利を奪われ、拘束されていた。たとえば疎開だ。疎開には大別して二つある。一つは建物疎開。火災の拡大を防ぐため、建物を撤去してしまうものだ。名称は「疎開」だが、実際は江戸時代さながらの強制的な打ち壊しによる「火除け地」作りだ。もう一つは人間、ことに都市部の子どもたちを空襲の可能性が少ない地方に移住させることである。親戚など引き取り手のある子どもは「縁故疎開」で、ない子どもは寺院や旅館などで共同生活をする「集団疎開」である。いずれも、対象となれば拒否することは困難だった。つまり市民は私有財産を国の都合でいいようにされ、住む場所を選ぶ権利も奪われたのだ。

もう一つの拘束が、「防空法」である。端的に言えば「空襲の時に逃げるな！　火を消せ！」という法律である。

同法は一九三七年一〇月一日に施行された。日中戦争が始まって三カ月後、大日本帝国が破滅的な戦争に向かって坂を転げ落ちていく起点ともなった年だ。対米英などとの戦争を始めた一九四一年の一二月二〇日に改正防空法が施行され、「退去禁止規定」が追加された。すなわち「主務大臣ハ防空上必要アルトキハ勅令ノ定ムル所ニ依リ一定ノ区域内ニ移住スル者ニ対シ期間ヲ限リ其ノ区域ヨリノ退去ヲ禁止若ハ制限スルコトヲ得」というものだ。

担当大臣が防空上で必要と認めた場合、ある区域に住む者に対して、その区域から離れることを禁止もしくは制限することができる、という内容である。私権の著しい制限である。空襲などの際、別の地域に逃げるよりも、今の地域にとどまった方が安全だと判断した場合、当該地域の住民に「そこから逃げない方がむしろ安全」もしくは「逃げてはいけない」というのならば、まだしも分かる。しかし政府の狙いはそうではない。防空法は「自分たちの危害を避けるために逃げてはいけない」というものだった。それは、同法を運用するための以下の勅令を見れば明らかだろう。「内務大臣ハ防空上ノ必要アルトキハ其ノ定ムル所ニ依リ防空法第八条ノ三ノ規定ニ基キ空襲ニ因ル危害ヲ避クル目的ヲ以テスル退去ヲ禁止又ハ制限スルコトヲ得」（防空法施行例七条ノ二、傍点は筆者）。

国民が空襲から逃れようとするために避難することを、内務大臣は禁止することができる。そういう内容だ。政府にとって大切なのは、国民の生命財産ではない。その国民が住む地域、ひいては「国体」そのものだ。政府が「防空法」で目指したのは、そういう価値意識を国民に持たせ、かつ守らせることだ。

この退去禁止に違反した場合、厳しい罰則があった。六カ月以下の懲役もしくは五〇〇円以下の罰金である。国を守るための防空法に違反した「懲役六カ月」の意味は、「非国民」との烙印を押されるようなものだ。五〇〇円の罰金は、現代でいえば一〇〇万円以上の高額である。それ以上に、国民が天皇制下の「臣民」であった時代、「非国民」のレッテルを貼られることの心理的重圧は大きかっただろう。

法律を作っただけでなく、政府は執拗に「逃げるな」の指導を重ねた。たとえば政府が発行した冊子『時局防空必携』の改訂版（一九四三年）には、焼夷弾への対応方法が記されている。

以下、その概略を見よう。

【エレクトロン焼夷弾】

筵(むしろ)類を水で濡らしてその上に水をかけるか、砂袋を投げつけて焼夷弾の火を抑える。焼夷弾の火勢の弱いものは速やかに「シャベル」などで屋外に運び出す。

【油脂焼夷弾】

筵類を水で濡らしてかけるか、「バケツ」や「シャベル」で等ですくい出す。

【黄燐焼夷弾】

かたまって燃えている黄燐には水をかけるか、筵類を水で濡らしてかけるか、「シャベル」などですくい出す。

焼夷弾が屋根裏に止まったら、鳶口(とびぐち)か長棒で突き落とす。高い所や遠い所の火炎は水柄杓で水をかける。

焼夷弾は火災を起こすことが目的のものであり、地上に着弾した後に爆発して人間を殺傷する爆弾とは違う。このため「シャベル」でつついたところで爆発する可能性は低い。しかし着弾すればあたりは火の海になってしまう。ふみとどまって「シャベル」で救い出そうとしたら、火にくるまれてしまうのは確実だ。しかも一発や二発ではない。とても「すくい出す」ことはできない。また、水で濡らした筵などではとても太刀打ちできない。

そんなことは、一度でも焼夷弾の無差別爆撃を体験した市民は嫌でも痛感しただろう。しかし空襲の前、こうした現実離れした対処法を政府から示された市民には、「焼夷弾はこの程度のことで対処できる」という誤解を招きかねないものだった。

また、戦時下・全体主義の日本には、政府のこうした暴令を社会の隅々にまで浸透させるシステムがあった。その一つが「隣組」だ。住民同士の助け合いとして機能した面もあるが、政府の指示をお互いが守っているかを相互に監視する組織としても機能していた。空襲の目印になることを避けるための灯火管制(家の中の明かりが外に漏れないようにする)、空襲時に火災を消すための「バケツリレー」などの防空訓練への参加など。いずれも怠ると、「隣組」の冷たい視線を浴び、「善導」されることもあった。

防空法の締め付けがあったとしても、自分たちの住む都市や近郊で空襲が始まれば、安全な地域に逃げそうなものだ。しかしそうはできなかった。相互監視のシステムが機能していたからだ。

木造住宅が多い日本本土が空襲されたら、火災は必至だ。空襲が続けば敗戦が近い。そのことを、対米英戦が始まるずっと前に指摘したジャーナリストがいた。桐生悠々(一八七三〜一九四一)だ。加賀藩士の家に生まれた桐生は旧制四高から東京帝国大学に進学。大阪毎日新聞、大阪朝日新聞などを経て信濃毎日新聞の主筆に就任した。硬骨の論客の真骨頂が、「関東防空大演習を嗤う」だ。一九三三年八月一一日付けの信濃毎日新聞社説で、同月九日から行われた演習を批判した。主要部分を見てみよう。

「将来若し敵機を、帝都の空に迎えて、撃つようなことがあったならば、それこそ人心阻喪の結果、我は或は、敵に対して和を求むるべく余儀なくされないだろうか。何ぜなら、此時に当り我機の総動員によって、敵機を迎え撃っても、一切の敵機を射落すこと能わず、その中の二、三のものは、自然に、我機の攻撃を免れて、帝都の上空に来り、爆弾を投下するだろうからである。そしてこの討ち漏らされた敵機の爆弾投下こそは、木造家屋の多い東京市をして、一挙に、焼土たらしめるだろうからである。如何に冷静なれ、沈着なれと言い聞かせても、また平生如何に訓練されていても、まさかの時には、恐怖の本能は如何ともすること能わず、逃げ惑う市民の狼狽目に見るが如く、投下された爆弾が火災を起す以外に、各所に火を失し、そこに阿鼻叫喚の一大修羅場を演じ、関東地方大震災当時と同様の惨状を呈するだろうとも、想像されるからである。しかも、こうした空撃は幾たびも繰返えされる可能性がある。

だから、敵機を関東の空に、帝都の空に、迎え撃つということは、我軍の敗北そのものである」

要するに、帝都＝首都東京に敵の空襲を受けるようなことがあったら、もはや敗戦は必至であり、だから防空演習など意味が無いということだ。桐生は戦争をすべきではない、と言ったわけではない。東京が空襲される前に敵を撃退すべきであると、軍部に戦術の見直しを迫ったのだ。もちろん演習それ自体や軍の存在を否定したものでもない。

しかし、地元在郷軍人会の不買運動が起きた。当時、同紙の発行部数は二万部ほど。在郷軍人会は八万人に及んだ。桐生は退社を余儀なくされた。名古屋に移り、個人雑誌『他山の石』を毎月発行。政治に介入して横車を押す軍部に容赦ない批判の筆を振るい続けた。一九三六年の二・二六事件を受けて「だから、言ったではないか、はやくに軍部の妄動をいさめなければ、その害の及ぶところ実に計り知るべからざるものがあると」と書いた。桐生なればこそ書けた一文である。

桐生の予言は的中した。木造家屋の多い東京は空襲で焦土と化した。防空演習はそれを防ぐことができなかった。バケツリレーなど人力頼みの消火活動は、B29がばらまく焼夷弾に対してはほぼ無力だった。

市民の被害を拡大させたのが「防空法」だ。その典型が青森大空襲である。

青森市と周辺は七月一四～一五日にも米軍機の空襲を受けた。その前の同月一〇日には仙台市にも大規模な空襲があった。米軍の日本列島への空襲は南西から始まって北上していた。主要都市で安全な場所はもはやなかった。すでに首都東京は壊滅していた。政府は被害の実態を伝えなかったが、青森の市民は身の危険を察知して、避難を始めていた。さらに七月二〇日ごろから、米軍は青森市に空襲を予告するビラを散布した。

住民の避難を妨害したのが、金井元彦・青森県知事である。金井は防空法に基づき、避難する市民に対して、七月二八日までに青森市に戻ることを命じた。戻らない市民は町会台帳から削除するとした。台帳から削除されたら、食糧など物資の配給が受けられない。さらに相互監視の社会で「非国民」「国賊」といったレッテルを貼られるおそれもある。市外に避難していた市民は戻らざるを得ず、避難しようとしていた市民は足止めされた。

そして、金井知事がその日までに帰れと命じた二八日。六二機のB29が青森市を襲った。午後一〇時三七分から一時間余り焼夷弾を投下した。街は焼き尽くされた。県知事警察部長の報告によれば、死者七二八人、重軽傷者は二八〇人に及んだ。一一月に県警察部が第一復員省に行った報告では死者は一〇一八人に増え、重軽傷者は二五五人とされている。防空法による被害者である。

さて、防空法が市民の避難を妨げたことは、裁判所が認定している。すなわち大阪空襲などの被害者が国に謝罪と補償をもとめて提訴した裁判の第一審判決（大阪地裁、二〇一一年）である。「被告（栗原注・国）が、太平洋戦争を開始し、原告ら空襲被害者を含む国民に対し、防空法を改正して退去を禁止できる場合を定め、原則として退去させないようにする趣旨の指示を直接的又は間接的に行い、隣組として防火活動をすることを求めるなどして、事前退去をすることが事実上困難といい得る状況を作出したことなどは、前記認定事実から認められる」としている。

民間人に拡大する補償

「国の文法」を厳密に押し通せば、国が雇用していなかった民間人には補償も援護もしないはずだ。しかし実際は、雇用関係のない民間人への補償や援護を行ってきた。たとえば、引き揚げ者に対する補償だ。一九六七年、「引揚者等に対する特別交付金の支給に関する法律」が成立した。三一二万人の引き揚げ者に、総額一七二五億円を支給する内容である。

さらに南満州鉄道株式会社（満鉄）の職員や民間軍需工場の従業員、従軍看護婦、原爆被爆者、沖縄戦の一部民間人など、国に雇用されていなかった被害者たちへの補償や援護を、国は徐々に拡大してきた。しかし民間人空襲被害者は金銭的な措置は何もされていない。「パンひとつもらっていない」(戦災孤児の金田茉莉)のだ。ことに軍民で差別が著しいのは、障がい者だ。前掲の大阪空襲訴訟の控訴審で、原告側が大阪高裁に提出した資料を見てみよう。原告の中に、空襲によって左足の大腿部から下を失った女性(A)がいた。女性は「障害者等級二級」で、障害年金七九万二一〇〇円が支給されていた。これに対し、同じ障がいを負った軍歴一二年以上の元軍人(B)は一一三万二七〇〇円の軍人恩給に、けがによる増加恩給三九二万七〇〇〇円の合計五〇五万九七〇〇円が支給される。

同じ程度のけがでありながら、たった一年で四二六万七六〇〇円もの差が生じるのだ。この差は、AとBが長生きするほど拡大してゆく。Aら民間人が「同じ戦争被害者なのに、差別だ」と感じるのは当然だろう。しかし行政も政治も救済には動かない。当事者たちは裁判による解決を求めて動き出した。

第4章
「受忍論」と裁判

図7　民間人空襲被害者への補償を訴える空襲被害者たち．右から横断幕を持つ大阪空襲国賠訴訟原告代表世話人の安野輝子，車いすに乗って集会に参加した杉山千佐子，東京大空襲国賠訴訟原告副団長城森満(衆議院第二議員会館前で2015年12月8日)．

国から何の補償も受けていない民間人の戦争被害者たちが、国に補償を求めて本格的に動き出したのは一九六〇年代だ。行政に訴える者、立法に望みを託す者もいた。法廷闘争が始まったのは一九六〇年である。カナダへの元移民が日本政府に補償を求めて東京地裁に提訴した。

一九五二年、日本はサンフランシスコ講和条約で独立を回復した。同条約では、元移民が現地に残した財産の処分権が日本政府から連合国に引き渡された。所有していた私有財産が、事実上の賠償の一部に充てられたのだ。かつ、日本政府は元移民らの同意を得ることなくこの措置を行った。日本国憲法第二九条第三項は、「私有財産は、正当な補償の下に、これを公共のために用いることができる」と定めている。つまり私有財産といえども、公益のためには所有者の意志にかかわらず収容することができる(公益収容)。ただし「正当な補償」が前提である。

明治以来、政府は国策として移民を促進した。少子化の現代と違い、当時は人口が右肩上がりに増えていた。当時の主要産業は農業だが、耕地が狭く増加する労働力を抱えきれなかった。それを吸収する産業も育たなかった。その労働力の受け皿が必要だった。また日清と日露、第一次世界大戦と続いた戦争で勝利して海外の植民地が増える中、そこに邦人が増えることは植民地経営上からも国にとって都合が良かった。北米や南米、東南アジアや中国などへ日本人は渡って行った。

異郷で営々と財産を築き、家族と暮らしていた移民たちは、戦争で多くのものを失った。しかし国は補償をしようとしない。

元移民は自分たちのケースが「公益収容」に当たるとして、日本政府に補償を求めたのだ。しかし、東京地裁は原告敗訴を言い渡した。判決の肝は「原告等の日本国民の在外財産喪失による損失の実質的原因は、日本国政府の財産処分承認にあるとの主張は当たらず、強いていえば、その損失の原因は、日本国の戦争遂行及び敗戦という事実自体に在ると言わざるを得ない。その意味では、原告らの被害は、今次の大戦により一般国民が強いられなければならなかった犠牲と何ら異なる所はない」というくだりだ。

在外財産の喪失は、空襲などと同じ「一般国民」が強いられた犠牲と同じ。他の犠牲に国は補償していないのだから、元移民にもする必要が無い、という内容である。原告は東京高裁に控訴。同高裁は一九六五年一月三〇日に判決を下した。「何ら補償責任がない」という国側の主張を否定し、憲法に基づく補償請求を容認したものの、国に具体的な補償を命じることはなかった。

地裁と高裁で判断が分かれた。控訴審は最高裁判所大法廷で審議され、判決は一九六八年一一月二七日に下された。

黒い画期――「戦争被害受忍論」

最高裁判所大法廷は原告敗訴を言い渡し、以下の判決を下した。戦後補償史における、黒い画期とも言うべき内容であった。判決文をみてみよう。

「戦争中から戦後占領時代にかけての国の存亡にかかわる非常事態にあっては、国民すべてが、多かれ少なかれ、その生命・身体・財産の犠牲を堪え忍ぶべく余儀なくされていたのであって、これらの犠牲は、いずれも、戦争犠牲または戦争損害として、国民のひとしく受忍しなければならなかったところであり、右の在外資産の賠償への充当による損害のごときも、一種の戦争損害として、これに対する補償は、憲法の全く予想しないところであるというべきである。(中略)在外資産の喪失による損害も、敗戦という事実に基づいて生じた一種の戦争損害とみるほかはないのである。これを要するに、このような戦争損害は、他の種々の戦争損害と同様、多かれ少なかれ、国民のひとしく堪え忍ばなければならないやむを得ない犠牲なのであって、その補償のごときは、先に説示したように、憲法二九条三項の全く予想しないところで、同条項の適用の余地のない問題と言わなければならない」

元移民は、国の判断によって私有財産を失った。しかし国はその私有財産の補てん、補償をしなくてもいい。なぜなら戦時下〜占領期間は非常事態で、国民全体が戦争被害者で犠牲を耐えなければならなかった。在外財産も同じである。この救済を憲法は規定していない。そういうことだ。

なるほど、国が始めた戦争で国民はそれぞれが何らかの被害を受けた。しかしその被害の程度はさまざまだ。米軍が原爆を投下した広島・長崎、凄惨な地上戦が続いた沖縄の被害と、本土で空襲がまったくなかった人々との被害は違う。にもかかわらず「ひとしく堪え忍ぶ」ことが当然となれば、堪え忍ぶ程度に著しい差異が生じる。それでいて、国が補償しないという点は同じだ。本来、国策である戦争による被害が大きい者ほど、国による補償や援護が手厚くなされるべきだ。ところが、この判決の「受忍論」の理屈では、被害の大きい者ほど「受忍」の度合いが大きくなる。あるべき社会保障政策を逆立ちさせた論理である。

「一億総懺悔」の法理

筆者が一九六八年の最高裁判決を読んで想起するのは、この判決が出た二三年前の一九四五年九月五日、時の首相東久邇宮稔彦が大日本帝国議会における施政方針演説で示した、「一億総懺悔」論である。

「事ここに至ったのは勿論政府の政策がよくなかったからであるが、また国民の道義のすたれたのもこの原因の一つである。この際私は軍官民、国民全体が徹底的に反省し懺悔しなければならぬと思う。全国民総懺悔することがわが国再建の第一歩であり、わが国内団結の第一歩と信ずる。(中略)敗戦の因って来る所は固より一にして止まりませぬ、前線も銃後も、軍も官も民も総て、国民悉く静かに反省する所がなければなりませぬ、我々は今こそ総懺悔し、神の御前に一切の邪心を洗い浄め、過去を以て将来の誡めとなし、心を新たにして、戦いの日にも増したる挙国一家、相援け相携えて各々其の本分に最善を竭し、来るべき苦難の途を踏み越えて、帝国将来の進運を開くべきであります」

敗戦の原因は国民全体にある。軍部も官僚も民衆も同じように反省し懺悔しなければならない。そして「帝国」の新しい道を開かなければならない、という認識だ。

東久邇宮は皇族で元陸軍の軍人。開戦前、近衛文麿首相が政権を投げ出した後も首相の候補となった。しかし流れた。昭和天皇によれば、経緯は以下の通りである。

「私は皇族が政治の責任者となる事は良くないと思つた。尤も軍が絶対的に平和保持の方針で進むと云ふなら、必ずしも拒否すべきではないと考へ木戸(栗原注・幸一。当時内大臣)をして軍に相談させた処、東条の話に依れば、絶対に平和になるとは限らぬと云ふ事であつた。

それで若し皇族総理の際、万一戦争が起ると皇室が開戦の責任を採る事となるので良くないと思つたし又東久邇宮も之を欲して居なかつたので、陸軍の要求は之を退けて東条に組閣をさせた」(『昭和天皇独白録』)。

東久邇宮は開戦時の首相にならなかった。なっていたら、東条のように連合国によって「戦犯」となり、東京裁判で裁かれていたかもしれない。しかし、そうはならなかった。昭和天皇の判断は、「皇室が開戦の責任」を取らなくてすむという点についていえば、奏功したと言えるだろうか。

敗戦に関わった鈴木貫太郎内閣が総辞職した後、東久邇宮は一九四五年八月一七日に内閣を継いだ。初の皇族出身の首相である。

東久邇宮が施政方針演説で言った「事ここに至った」とは、敗戦で国が崩壊したことだろう。国策決定として戦争を始めた為政者たちと国民、たとえば選挙権も戦争反対を訴える言論の自由もない庶民とが同じように「総懺悔」するというのは理屈に合わない。本当に罪を問われるべき少数の人間たちを、そうではない膨大な庶民の中に埋め込んで、責任を希釈させようとする政治論である。

東久邇宮内閣は、GHQが求めた民主や政策に対応することができず、同年一〇月九日に総辞職した。在職日数は二カ月足らずの五四日間しかなかった。敗戦で崩壊した国を立て直すこと、塗炭の苦しみにある国民の生活を向上させることに対しては、何の貢献もしなかった内閣である。しかし、「一億総懺悔」の理屈はその後長く日本における戦後補償の方向性、すなわち国策の被害者たちに我慢を強いる政府の施策を予言するものとなった。

人が死んでもけがをしても「がまんしなさい」という最高裁判決

さて、在外財産国賠訴訟で現れた「受忍論」は、他の国賠訴訟でも繰り返し使われた。たとえば、名古屋大空襲の被害者が提訴した国賠訴訟である。東海地方第一の都市である名古屋は戦争末期、米軍による執拗な爆撃を受けた。最大の被害は東京大空襲から間もない一九四五年三月一九日午前二時ごろ、二三〇機ものB29による無差別爆撃であった。死者八二六人、負傷者二七二八人、四万棟近くが被災し、罹災者は一四万人以上に上った。

他の地域と同じく戦後、日本政府は民間人戦災者に対して補償をしなかった。そして空襲被害者が一九七六年、国に賠償を求めて名古屋地裁に提訴した。同じ戦争被害者でも、国が元軍人・軍属、準軍属らを「援護法」などによって補償を続けておきながら、民間人には戦争被害者でもそうした立法措置を問わないことは日本国憲法第一四条第一項、「すべて国民は、法の下に平等であって、人種、信条、性別、社会的身分又は門地により、政治的、経済的又は社会的関係において、差別されない」に反するもので、国会が必要な立法措置をしないことは違法、という主張であった。

しかし一九八〇年、同地裁は原告の訴えを退けた。元軍人・軍属には国の使用者責任があり、それがない民間人を補償の枠組みから外すことは不合理とは言えない、という趣旨であった。一方で原告の被害を認定し、被害者に対して「国家補償」の精神に基づいた援護措置が必要だと指摘している。そして、どのような措置を行うかは立法府である国会の裁量に任される、とした。いわゆる「立法裁量論」である。原告が控訴した名古屋高裁も地裁の判決を踏襲した。原告は上告したものの、一九八七年六月二六日、最高裁第二小法廷は棄却した。

以下、戦後補償史に新たな画期となった判決文の骨子を見よう。まず、原告の主張の要約である。

「上告人らは、戦傷病者戦没者遺族等援護法(以下「援護法」という。)は、旧軍人軍属等及びその遺族を適用対象者とし、これらの者に対してのみ援護の措置を講ずるもので、上告人らのような一般民間人被災者を適用の対象から除外している点において、憲法一四条、一一条、一三条、一五条及び一七条に違反するとし、援護法を改正して、一般民間人被災者を同法の適用対象者に含めるか、又は一般民間人被災者を適用対象者とする援護法と同等の立法をすることが憲法の命ずるところであるとの前提に立って、この立法をしない国会ないし国会議員の立法不作為が国家賠償法一条一項の適用上違法であると主張している」

さらに、最高裁の国会議員の裁量についての認識が示される。

「ところで、国会議員は、立法に関し、原則として、国民全体に対する関係で政治的責任を負うにとどまり、個別の国民の権利に対応した関係での法的義務を負うものではなく、国会ないし国会議員の立法行為(立法不作為を含む。)は、立法の内容が憲法の一義的な文言に違反しているにもかかわらず国会があえて当該立法を行うというがごとき、容易に想定し難いような例外的な場合でない限り、国家賠償法一条一項の適用上、違法の評価を受けるものではないと解すべきものであることは、当裁判所の判例とするところである」

国会議員が立法について負う責任は、国民全体に対する関係である。個別の国民(たとえば空襲被害者たちか)の権利に対応して法的義務を負っているわけではない。つまり、個別の国民のために法律を作らなくても違法ではない。国会や国会議員がどのような法律をつくるか、つくらないかでとがめられるとすれば、憲法に明らかに反する法律を作るような「想定しがたい例外的な場合」に限られる。それはすでに判例で示されている、という。ここでいう判例は、前述の在外財産喪失による国賠訴訟のそれである。

「そこで、この見地に立って本件をみると、憲法には前記主張のような立法を積極的に命じる明文の規定がないばかりでなく、上告人らの主張するような戦争犠牲ないし戦争被害は、国の存亡にかかわる非常事態のもとでは、国民のひとしく受忍しなければならなかったところであって、これに対する補償は憲法の全く予想しないところ」とした。

憲法には、上告人が主張するような、民間人戦争被害者に元軍人・軍属と同等の国家補償を行うための立法を命じている規定はない。また上告人が主張する戦争被害は、国の存亡にかかわる非常事態(戦争)では、国民すべてがみな堪え忍ばなければならなかったことである。これに対する補償、民間人戦争被害者を救済する法律を作らなければならないとは、憲法には書いていない、ということだ。

「憲法は国の骨格、在るべき姿、規範を人間が書くもの。あらかじめ森羅万象を想定できるはずがない。裁判官がすべきは、「憲法に何が書いてあるか」を探すことではなく、憲法全体の理念や個々の条文からしかるべきことを読み取り、個々のケースに応じて社会正義を実現することでは？」と言いたくなるところだ。「原告の空襲被害は裁判所も認定しました。であれば、「みんなひどい目に遭ったのだから、みんなで我慢しましょう」ではなくて、「みんなひどい目に遭ったのだから、それぞれの被害に応分の補償、援護をすべき」ではないですか」。そうも問いたくなる。最高裁はそうした疑問を先回りしてか、以下のように言う。

「右のような戦争犠牲ないし戦争損害に対しては単に政策的見地からの配慮が考えられるにすぎないもの、すなわち、その補償のために適宜の立法措置を講ずるか否かの判断は国会の裁量的権限に委ねられているべきと解すべき」

原告のような民間人戦争被害者に補償をするかどうかを決めるのは裁判所ではない。国会が決めること。だから原告の主張に沿う立法をしなかったからといって、憲法に違反していることにはならない。要するにそういう判断である。

戦後補償裁判で、裁判所が戦争被害者原告の被害を認定しながら、訴えを退ける時にしばしば使われる「立法裁量論」だ。

自身が戦争被害者で、沖縄戦被害者らの戦後補償裁判で原告団長を務めた瑞慶山(ずけやま)茂弁護士(一九四三年生まれ)は、「原告の被害を認めながら「我慢しろ」というが、法理論の根拠がない。

ただの情緒論でしかない。そもそも受忍の限度を明らかに越えているから訴えている。裁判所は踏みにじられた人権の救済という役割を放棄している」と批判する。「立法という権限への逃避」だとも。

同じ「戦争被害受忍論」でも、在外財産国賠訴訟とこの名古屋大空襲国賠訴訟とでは、判決の意味合いが異なる。すなわち、前者は動産や不動産といった財産にまつわる「受忍論」である。後者は、そうした財産だけでなく、人間が死んでも、あるいは心身に障がいを負っても「我慢しろ」という理屈だ。この後、「BC級戦犯」やシベリア抑留者らによる戦後補償裁判が相次いだ。そしてそれらの法廷でも「受忍論」が使い回された。「受忍論」は被害者切り捨ての魔刀として切れ味を増していった。

立法活動も頓挫

名古屋大空襲の場合、法廷とは別に名古屋大空襲被害者による立法運動が展開されていた。空襲で瀕死の大けがを負った杉山千佐子(一九一五年生まれ)をリーダーとして、一九七三年には野党・社会党が国会に「戦時災害援護法案」を提出していた。だが与党・自民党の合意が得られず、廃案が続いた。以後一四回同法案は提出され、一九八八年まで一八会期に渡って審議されたが、いずれも成立しなかった。

ただ、民間人空襲被害者たちに期待を感じさせるような国側の答弁もあった。たとえば一九八一年、厚生大臣だった園田直(そのだすなお)だ。熊本県天草島出身。敗戦時は陸軍大尉であった。官房長官や外務大臣などを歴任した、与党・自民党の中でも屈指の実力者であった。

同年四月一四日の参議院社会労働委員会。民間人空襲被害者にも補償をするべきではないかという野党議員の追及に対して、園田は言う。

「国家から召されていったから、あるいはそうじゃなかったからということで本当は区別するのは理論的には間違いであって、やはりひどい目に遭われた程度によって区分するのが本当の理屈だと思います」

今日では振り返られることのあまりない答弁だが、政府が一貫して主張してきた、「軍人・軍属は国が雇用していたから援護や補償の対象になる。民間人は雇用していないからならない」という、「雇用補償論」をちゃぶ台返しするような理屈を、所管の厚生大臣が言ったことを記憶しておこう。

園田はさらに「国が大変なことで戦に負けた。みんなそれぞれ災難を受けているからがまんしろと言うんなら、これは全部ががまんするのが当然であった。軍人・軍属などは特別の法律で援護してある。一般国民は同じ災害あるいはよりひどい災害を受けても援護を受けていない。ここに問題がある」と述べた。杉山らが主張する内容に重なる認識である。

園田は、民間人戦災者の具体的な救済策にも言及した。

「一般戦災者の人々はこれを援護法の中に繰り入れるように考えるか、あるいは別個にこれを特別な枠内で、いわゆる骨組みの中で考えるか、こういう時代だと思います。(中略)落ちこぼれと言ったら失礼でありますが、法の目に、恩典に浴せない人々、こういう人々を丹念に拾い上げて、苦しいながらも積み上げていって、そしてその積み上げの中から将来時期を見て骨組みを変えていく。できないからいいんだと、こういうわけじゃなくて、できない中に何とか正しい道を進める努力をするのが政府の仕事であると考えております」

従来の援護措置を受けていなかった民間人空襲被害者に、援護の手を伸ばす。元軍人・軍属と遺族が対象の援護法に組み込むのか。あるいは別の救済の仕組みを作るのか。園田はそれが「政府の仕事」と言った。しかしこの答弁から四〇年以上が過ぎた今も、「正しい道」は通っていない。

この問答が今日の我々に教えているのは、政治家が国会で方向性を示したとしても、本人にどれくらいのやる気があるのかは分からないということであり、また本人にやる気があって方向性を示したとしても、行政マンがそれを実行するとは限らない、ということだ。

いずれにしても、日本国憲法によれば国会は国権の最高機関である。その国会で大臣が言ったことが「空手形」に終わっていいはずがない。国会は、行政に手形をしっかりと落とさせなければならない。

二一世紀に噴出する提訴

その後、民間人空襲被害者による立法活動はやや停滞した。しかし二〇〇〇年代に入って、事態は再び動いた。二〇〇七年三月九日、東京大空襲の被害者が国に謝罪と補償を求めて東京地裁に提訴した。原告団は二一都道府県の一三一人に及んだ。

提訴の動きは、一九九〇年代にさかのぼる。空襲体験者や遺族らの間で、「遺体も遺骨も見つかっていない。生きていた証に、せめて名前だけでも」と、犠牲者の氏名を記録する運動が始まった。「東京空襲犠牲者氏名の記録を求める会」が一九九八年に結成された。街頭の署名活動も進めた。同会は都と区市町村議会に、空襲被害者の氏名を記録するように申し入れた。

その結果、東京二三区のうち七区議会と多摩地区の七市が氏名記録を行うべきとする意見書を採択。こうした中、都は一九九九年、空襲犠牲者の氏名の記録に着手する方針を明らかにし

図8　米軍の無差別爆撃で焦土となった名古屋市街．1945年5月撮影．毎日新聞社提供．

た。

この氏名記録運動の延長で、「東京空襲犠牲者遺族会」が二〇〇一年に結成され、約八〇〇〇人が名を連ねた。それまで、多くの空襲被害者は自分の被害を自分の記憶に押し込んでいた。我慢するのが当然であり、国に補償を求めるという発想はなかった。だが被害者同士が交流を深め、戦後補償についての学習を続ける中で、「国を相手に集団訴訟をすべきではないか」との意見が出始めた。二〇〇二年のことだ。

原告の希望者はほどなく一〇〇人を超えた。しかし弁護団の結成は難航した。一九八七年、名古屋大空襲の被害者が国に補償を求めた裁判で、最高裁が原告敗訴を言い渡した判例が大きな壁となった。名古屋大空襲と東京大空襲とでは、規模や被害者の数など相違点が多い。前者で被害者原告が敗訴したからといって、後者でもそうなるとは限らない。しかし「空襲の被害者」という点では同じだ。

司法当局としては、一般に同種の事件で裁判所による法判断が異なることは好ましくない。司法への信頼がゆらぐことにもなるからだ。このため裁判所は同種の事件について、先行の判例を参照する必要がある。その判例は法曹界はもちろん社会一般に影響力を持っており、後の裁判に影響を持つのは必然だろう。特に最高裁判所の判決は、後の下級審の判決に多大な影響力を持つ。

名古屋大空襲の訴訟では、最高裁は被害者原告を「戦争被害受忍論」で斬り捨てた。ことに国会議員、国会が被害者救済立法を行わなくても、それが憲法違反になる「余地はない」と断言した意味は大きい。法曹界の慣習を熟知している弁護士たちにとっては、巨大な壁であった。

のちに原告団長となる星野弘は、引き受けてくれる弁護士を探した。まず作家で、自身大空襲被災者の早乙女勝元（一九三二年生まれ）に相談したところ、中山武敏を紹介された。

中山は一九四四年、福岡県の被差別部落で生まれた。県立高校の定時制を卒業後、上京。働きながら中央大学法学部法律学科の夜間部で学んだ。一九六八年に卒業、司法試験に合格した。三年後に弁護士を開業し、狭山事件の弁護団に加わった。「人権派弁護士」として知られていた。

弁護の依頼を受けたとき、中山は「これは難しいな」と感じたという。しかし旧知の早乙女からの依頼ということもあって、弁護団長を引き受けた。仲間に呼びかけたところ、一〇〇人以上の弁護士が参加する大弁護団、原告は一三一人の集団訴訟となった。

高齢になって訴える理由

この、東京大空襲国賠訴訟の提訴の翌二〇〇八年、大阪空襲等の被害者二三人が同じく国に補償と謝罪を求めて大阪地裁に提訴した。いずれも、原告は七〇〜八〇歳代が中心だ。なぜ高齢になってから、国を相手とした裁判というエネルギーのいる活動に参加したのか。原告たちの話を聞くと、理由は大きく言って三つある。

第一に、余力がなかったことだ。空襲被害者、たとえば両親を殺された戦災孤児の戦後は、ゼロどころかマイナスからのスタートだった。敗戦直後の日本には、困窮する子どもたちに手を差し伸べる行政は存在しなかった。子どもたちは生きていくのが精いっぱいだった。何とか成人し、結婚し子どもを産み育てる。そうしたごく普通の人生を歩むことでさえ、多大な困難を乗り越えなければならなかった。とても補償実現運動にかかわることはできなかった。

第二に情報が不足していたこと。同じ戦争被害者なのに、元軍人・軍属は補償されて自分たち民間人がされないという差別があることを知らなかった。「みんながまんしているのだと思っていた」ということだ。第三に、「やはり納得できない」という気持ちが起きてきたことだ。自分たちが差別されてきたことを知った被害者のすべてが裁判を闘うわけではない。一方で、高齢になり、人生のゴールを意識するにつれて、不条理を許すことができないという気持ちを強くした者たちが立ち上がったのだ。

被告である国は原告が訴えた被害の事実認否をしなかった。一九八七年に名古屋大空襲国賠訴訟で最高裁が下した判決、「戦争被害受忍論」を引用し、証拠調べも不要とし書面審理のみで早期に訴えを棄却すべきと主張した。要するに「これはもう終わった問題。最高裁で結論が出ている」ということだ。

国は原告側の証人尋問も不要とした。ことに強く反対したのが、作家、早乙女勝元の証人尋問である。一二歳で東京大空襲を体験。戦後は作家となり、一九七一年に著した『東京大空襲——昭和二〇年三月一〇日の記録』がベストセラーとなった。国は、その早乙女の証言を「有害」であると主張した。弁護側の強い抗議で撤回を余儀なくされ、早乙女は証言した。

早乙女は、大本営(天皇に直属する陸海軍統帥の最高機関。戦時に置かれた)が大空襲について行った発表、「都内各所に火災を生じたるも、宮内省主馬寮は二時三五分、その他は八時ごろまでに鎮火せり」に言及した。主馬寮は、馬を取り扱う部署である。

「一〇〇万人あまりの罹災者と一〇万人もの都民の命は〝その他〟でしかありませんでした。戦中の民間人は民草と呼ばれて、雑草並みでしかなかったと言えましょう。残念ながら〝その他〟は戦後にも引き継がれて、今、高年齢となった被害者遺族の皆さんは、旧軍人軍属と違って国から何ら救われることなく、今日この日を迎えているのです。国民主権の憲法下にあるまじき不条理で、法の下での平等の実現を願っております」

早乙女はそう陳述した。

苦悩の六六年、一分で敗訴

東京地裁の判決は二〇〇九年一二月一四日に下された。「一分ですよ！　一分！」。地裁から出てきた原告の女性が、興奮してそう叫んだ。曇り空の下、声も体も震えていた。開廷後、鶴岡稔彦裁判長は主文を読み上げた。「原告らの請求をいずれも棄却する。訴訟費用は原告らの負担とする」。そのまま閉廷。

原告が提訴した二〇〇七年三月九日から三年弱の法廷闘争。空襲被害者たちが司法による救済を求めて活動を始めてから数えれば一〇年近くが過ぎていた。原告たちにとっては、あまりにあっけなく終わった。空襲から六四年が過ぎていた。原告団長の星野弘は、判決後の記者会見で言った。「恐ろしいほど冷たい仕打ちだ」。目は真っ赤だった。

以下、判決文を見てゆこう。まず注目すべきは、この記述である。

「日本国民が、国家総動員法等の下で、戦争協力義務を課せられ、必然的に戦争に巻き込まれていったことなどの事情を考慮すると、一般戦争被害者（本件においては、東京大空襲の一般被災者）が受けた戦争被害といえども、国家の主導の下に行われた戦争による被害であるという点においては、軍人、軍属との間に本質的な違いはないという議論は、成り立ち得るものと考えることができる」

「国策で行われた戦争被害という点では、民間人も軍人・軍属も同じ」。要するにそういうことだ。当然の事実である。しかし、その「当たり前」を司法に改めて認定させるまでには、原告たちの粘り強い働きかけがあった。大きな成果と言える。

判決文はさらに、空襲で孤児となった原告らの名前を列記した上で、「原告らの受けた苦痛や労苦には計り知れないものがあったことは明らかである。そして、そうだとすれば、原告らのような一般戦争被害者に対しても、旧軍人軍属等と同様に、救済や援護を与えることが被告（栗原注・国）の義務であったとする原告らの主張も、心情的には理解できないわけではない」とした。

在外財産や名古屋大空襲の国賠訴訟では見られなかった、裁判所による被害者原告への「心情的理解」である。

原告たちが戦争によって被害を受けたことを認めた。かつ、国に補償を求める心情にも理解を示した。そうであるならば、原告勝訴の判決になってもよさそうなものだ。

「しかしながら、一般戦争被害者にまで視野を広げた場合、被害を受けたのが、原告ら東京大空襲の一般被災者だけではないことは明らかであり、他の各所で空襲被害を受けた者も数多く存在したはずであるし、爆撃に限らず、戦闘機の機銃掃射によって被害を受けた者、乗船していた船(民間船)が撃沈された者など、他の方法の攻撃に巻き込まれて被害を受けた者も存在したはずである」

この後、①疎開した人、②学徒勤労報国隊、女子挺身隊、③栄養失調となった人、など亡くなった人や重篤な後遺症を負った人が「少なからず存在したはず」などとした。

その上で、「このような被害を負った者というように考えていくと、当時の日本国民のほとんどすべてが、何らかの形で戦争被害を負っていたとの結論に到達せざるを得ない」とした。

「国民全体が被害者だから、国民みんなでがまんしなければならない。その救済を、日本国憲法は予想していない」、という戦争被害受忍論＝一億層懺悔の法理がまた活用されるのか、と思わせる流れである。しかし、判決文は予想外の方向に行く。

「その被害の原因、態様、程度は様々なものであることが予想されるとはいえ、裁判所が、なんらかの基準を定立し、その基準に達したかどうかで、救済、援助の要否を区別し、一般戦争被害者の中から救済、援助の対象となるのが相当である者と、そうではない者とを選別するなどということは到底困難である」

民間人の空襲被害は認める。しかし、救済が必要かどうかを司法が決めることはできない。そういう宣言だ。被害を認め、原告の心情を理解するならば、少なくとも当該の空襲被害に対しては国に救済を命じるべきだ。それ以外の一般戦争被害者をどう救済するのかは、行政なり政治なりが判断すればいいことだ。「裁判所はどの被害を救済してどれを救済しないのかは区別できないから、決められない」という理屈がまかり通れば、この先戦争被害者が司法に訴えたところで勝ち目はゼロである。

戦争被害全体に応分の救済、補償をするように国に命じればいいではないか。筆者はそう思った。そういう感想を予想したかのように、判決文は続く。

「他方、一般戦争被害者を含めた戦争被害者すべてに対して救済、援助を与えようとすれば、それには膨大な予算が必要となる可能性があることは明らかであるし、このことを考えれば、少なくとも、戦後の一時期までは、そのようなことは到底不可能であったことも明らかである」

なるほど、敗戦直後の混乱期には「戦争被害者すべてに対して救済、援助」を与えることは難しかっただろう。敗戦で国は崩壊した。再建するために、膨大なカネがかかるからだ。めちゃくちゃにされた国内のインフラを整備しなければならない。海外から六〇〇万人もの邦人が帰ってきつつある。その対応も必要だ。サンフランシスコ講和条約では解決できなかった、アジア諸国への賠償問題も片付けなければならない。そうした状況の中では、なるほど戦争被害者への補償は財政的に難しかったのかもしれない。

しかし、日本は奇跡的な復興を遂げた。たとえば東京オリンピック(一九六四年)を開催するまでに成長したころならば、民間人空襲被害者らへの補償や援護は十分に可能だったのではないか?

裁判官が、そうした疑問にも身構えるように判決文は続く。

「我が国が経済復興を果たし、経済力が向上した後においても、その時その時で、財政負担を要する様々な政治的課題を抱えていたことも否定することのできない事実なのであるから、ある一定時期以降は、一般戦争被害者に対する一律の救済が可能であったはずであると断定することができるかどうかにも疑問がある」

豊かになった後も、政府には時々にカネのかかる課題があった。だから民間人戦争被害者全体の救済が可能だった、とは断定できない。そういう認識である。

とはいえ、裁判所は原告の被害を認定した。その被害に対して、国は何もしなくていいのか。そういう問いにも、判決は答えている。

「そもそも、救済、援助のためにどのような措置を講じるかということ自体、（中略）経済復興を果たし、一般的な生活レベルを上げることによって実質的な救済、援助を図るなどといった方策を含め、様々な方策があり得るのであるから、裁判所が、誰に対し、どのような救済を与えるべきであるなどといった判断をすることも極めて困難」

誰に、どのような救済をすべきなのか、これも司法が決めることは難しい、という。そういいつつ、判決が例示したのは「一般的な生活レベルを上げる」ことによる救済である。なるほど経済復興で一般的な生活レベルが上がれば、戦争被害者の救済につながるかもしれない。ただそうだとしても、その経済復興の恩恵は、①すでに国から援護や補償を受けている元軍人・軍属や遺族と、②戦争と直接関係ない世代にも及ぶ。①と、③民間人戦争被害者では補償の有無という点で著しい差がある。②と③では、戦争被害の有無でやはり大きな差がある。それゆえ、判決文が例示するような「救済」は、③だけに不利益、不当に受忍を押しつけるものであり、妥当ではない。

いずれにしても、裁判所は救済対象や内容の判断はできない、というのが東京地裁の判決だ。ではだれが判断するか。

「このような救済方法の選択は、様々な要素を考慮した上での政治的判断に委ねるほかはないものといわざるを得ないのである。(中略)国民自身が、自らの意思に基づいて結論を出すべき問題、すなわち、国会が、様々な政治的配慮に基づき、立法を通じて解決すべき問題であるといわざるを得ないし、このような国会の立法に関しては、上記のような事柄の性質上、極めて広汎な裁量を認めざるを得ない」

戦後補償裁判でおなじみの、「立法裁量論」である。法律を作るのか作らないのか、作るならどんな内容にするのかを決める上で、国会には非常に広い裁量権が認められており、本件においてはその国会が民間人空襲被害者の救済法を作らなくても、それ自体が憲法に反するものではない、という判断だ。

前述のように、一九七〇年代前半から八〇年代末まで「戦時災害援護法案」が計一四回国会に提出されたが、すべて廃案となった。空襲被害者はずっと、政治に期待し働きかけてきた。

しかし実現しない。そういう経緯があって原告たちは提訴に踏み切ったのだ。

「また政治に丸投げか。戦争で大きな被害を受けていることは明らかなのに、行政と立法、司法の三権が救済をたらい回ししているじゃないか」。筆者はそう思った。

原告は、戦後補償を巡る国の施策が法の下の平等を定める憲法第一四条に反する、とも主張した。これに対して判決は言う。

「旧軍人軍属に対する救済、援助措置は、(中略)国から戦地に赴くように命じられて実際に戦闘行為等を行い、その戦闘行為の結果死傷の被害を負ったという事実に着目したものであって、そこにはそれなりの根拠があるものということができ、……」

元軍人・軍属に対する救済が必要だったことは、原告の多くも否定しない。問題は、同じように国の政策で戦地(無差別爆撃の現場は戦場そのものだった)で戦災に遭った民間人に、国が救済をしてこなかったことだ。

また同じ民間人戦争被害者でも、国は一部に援護をしている。たとえば原爆被害者であり、沖縄戦の被害者だ。両者と原爆以外の空襲被害者で、何が違うのか。

「原爆被害者の場合は、放射線の影響による後遺症が、原爆被害者のみならず子々孫々にまで残る可能性のある、いわば特殊な障がいであることなどを考慮したもの、沖縄戦被害者については、沖縄が実際の戦場となり、旧軍人軍属以外の住民も、実際に武器を持って戦うなど戦闘行為に巻き込まれざるを得なかったことなどを考慮した結果であって、差別的意思に基づいて、これらの被害者のみを優遇しようとしたり、取扱いに差別を設けることによって、他の一般戦争被害者を殊更冷遇しようとしたと認めることはできない。

その他、救済、援助が認められた者との間でも、平等原則違反と断定できるような事情を見出すことはできないから、結局、一般戦争被害者間の取扱いの差異をもって明白に憲法一四条に違反すると断定することも困難というべきである」

このくだりは、非常に重要である。

戦争被害者の誰を救済し、誰をしないのかを決めるのは政府であり立法府。その「選別」を司法はしないし、できない。判決文はそう言っている。つまり、司法は立法府の「選別」を追認することはするが、あるべき「選別」を示すことはしない、ということである。さらに判決は、国による補償や援護を受けている原爆や沖縄戦の被害者といった具体例を挙げつつ、民間人空襲被害者がそうした援護を受けなくても、そこに「差別的意思」がない限り憲法第一四条には反しない、という判断も示している。

「民間人空襲被害者を差別していますか?」と聞かれて「差別しています」という国会議員、

行政マンはおそらくいないだろう。戦後補償裁判における司法の役割は、客観的に見て国の施策に差別性があったかなかったかを判断することだと、筆者は考える。そして、司法は差別性は認められない、と判断したのだ。確かに、原爆は大きな被害をもたらした。沖縄戦も同様である。一方で、たった一晩で一〇万人が殺された東京大空襲を含む被害も極めて大きかった。そして、本土もまさに戦場であった。裁判所がそれぞれの被害者をどう救済するか決められないのならば、国による補償の必要性を判決で示し、各々の補償の程度の判断は行政なり立法なりにゆだねる、という判断があっていいのではないか。

原告の一人、河合節子は地裁の判決について振り返る。

「裁判所は私たちの被害が深刻であることを認めて、国に責任があること、長期に渡って被害者を放置していたことも認めました。普通に考えたら、国に謝罪と補償を命じるのが当然でしょう。しかし敗訴。本当に信じられませんでした」

原告の被害を認定しながら、結局は従前通り判断と責任を立法に丸投げした判決である。「司法にこれ以上、期待してもだめなのではないか」。筆者はそう思った。しかし原告たちは東京高裁に控訴した。

弁護団長、中山武敏は控訴審の最終意見陳述で述べた。

「東日本大震災、福島第一原発事故の救済、支援、復興については公費が投入されています。国家の主導により、国家総動員法等の下で戦争協力義務を課された控訴人らの被害が救済されるべきであることは当然の法理です。控訴人らは高齢であり、司法による救済の最後の機会です。軍人・軍属等と差別することなく、同じ人間として認めてほしい。このままでは死ぬに死にきれないとの控訴人らの本件訴えは、人間の尊厳、人間回復を求める訴えです」

判決は二〇一二年四月二五日。

鈴木健太裁判長は「控訴をいずれも棄却する」と述べた。判決理由は読み上げなかった。原告たちにとっては、東京地裁と同じくあっという間の閉廷だった。

「悪平等」を認める判決

東京高裁の判決文は、原告たちが、様々な援護措置を受けている旧軍人軍属らとの間に不公平感を感じ、自分たちのような一般戦争被害者に対しても、救済や援護を与えるのが国の責務であるという主張には、「心情的には理解できるものがある」とする。東京地裁と同じ認識である。

その上で、補償のための立法をしないことが違憲ではない理由を記す。

「第二次世界大戦中に空襲等を受けた都市は全国で二〇〇を超え、その被災者は、死亡者だけでも全国で五〇万人、東京大空襲については一〇万人を超えるとも推定されており(中略)、これら空襲等の被災者を含め援護を受けていない戦争被害者はいまなお数多く存在し、その被害の原因、態様、程度は非常に種々様々であることからすれば、援護を受けていない者が合理的な理由なく差別されているということは困難である」

戦争被害者はたくさんいる。援護を受けていないのは原告たちだけではない。だから差別ではなく、法の下の平等を定める日本国憲法第一四条にも反しない、という判断だ。そして東京地裁判決と同じく、被害者を救済するかどうかは国会の裁量権の範囲内、とした。

「補償されていない戦争被害者はたくさんいる。だから、被害の程度に応じて応分の補償をする義務が、国にはある」。そういう判断があっても良さそうなものだが、高裁の判決はいわば「悪平等」の追認であった。「国会の裁量」論は、戦後補償裁判でしばしば登場する「法理」で、被害者原告の訴えを退けるための理屈として定着した感がある。しかし、原告たちはその国会が動かないからこそ司法の正義を信じて訴えたのだ。

判決後の会見で、原告団長の星野弘は「司法がこれほど冷酷だとは思わなかった」と話した。副団長の城森満は「戦後六七年間、放置されてきた被害者の実態を見ない、人間の良心に反する判決。司法に裏切られた気分だ」。原告団七九人は最高裁に上告した。平均年齢は八〇歳。上告に必要な印紙代は五二六万円。「年金暮らしになり、足も悪く皆様のお役には立てません。でも、死んでいった人の無念を思うとあきらめきれないのです。お金は分割で払います。原告団に加えて下さい」。「不当判決の報告は、父母祖父母にできません。良い報告をしたい」。原告たちはそんな思いを、弁護団に寄せた。

二〇一三年五月八日、最高裁第一小法廷（横田尤孝裁判長）は原告敗訴を確定させた。法廷を開かないままの「門前払い」だった。

一審、二審とも原告の被害を事実として認定した。国が軍人・軍属らに援護や補償をしながら、民間人戦争被害者にはしていないことに対する原告たちの不満、訴えに「心情的理解」も示した。しかし、救済はしなかった。ほかの戦後補償裁判と同じように、被害者を三権の間でたらい回しにするだけだった。

判決は、在外財産国賠訴訟や、名古屋大空襲国賠訴訟の判決に比べれば、被害者である原告に少し歩み寄った内容にも見える。しかし、弁護団長の中山は言う。

「裁判所に心情的理解や同情を求めたわけではない。戦争被害受忍論は戦前の司法の人権感覚を引き継ぐもの。最高裁で見直されると期待していたが、裏切られた。なぜ憲法違反に当たらないのか理由も示さずに上告を棄却したのは人権擁護の最後の砦、憲法の番人としての役割を放棄している」

東京地裁、東京高裁の判決はあからさまな「受認論」を展開するものではないが、中身はまさにその「法理」に沿ったものだ。この理屈がこのまま定着したら、将来国策の大きな誤りによって再び国民全体が被害者になった場合、「みんなでがまんしなければならない」という理屈がまかり通ってしまうだろう。

第5章
立法運動の開始

図9　戦後70年の2015年3月10日，東京・両国で行われた空襲被害者の慰霊法要に参列し頭を下げる安倍晋三首相．歴代の現職首相として初めて参列した．

庶民にも戦争責任がある？

戦争によって多くの国民が被害を受けた。国策として戦争を始めた者たちは、被害者に対して謝罪と補償をしなければならない。筆者はそう思う。そうした歴史認識の元に記事を書いたり発言していたりすると、ときおり反論が寄せられる。「当時の政治家、指導者を選んだ国民にも責任がある」といった主張である。だが、「国民」全体の責任を強調すると、本当に責任を追及されるべき者たちの姿がぼやけてしまうのではないか。

現代社会で「政治家」といえば議員、国策に関わることになれば国会議員を想起する。戦前にも国会議員はいた。しかし、大日本帝国の時代と今とでは国会議員のあり方には大きな違いがある。

まずは議員の選ばれ方だ。日本国憲法体制下の現在では、性別にかかわらず一八歳以上に選挙権があり、衆議院と参議院いずれの選挙にも参加できる。納税額も関係がない。

大日本帝国憲法の下、帝国議会は衆議院と貴族院で構成されていた。貴族院は衆議院とほぼ同じ権限を与えられていた。構成員は皇族や多額納税者などから選ばれており、有権者の投票によって選ばれる者ではない。選ばれたのは衆院議員＝代議士である。有権者は現代よりはるかに少なかった。たとえば一八九〇(明治二三)年の第一回総選挙の選挙権だ。直接国税を一五円以上納めた、二五歳以上の男性に限られていた。該当したのは四五万人程度。当時の全人口四〇〇〇万人の一パーセント程度でしかなかった。一九〇〇(明治三三)年には直接国税納付額が一〇円以上となり、有権者は倍増して九八万人となった。続いて第一次大戦の後、「大正デモクラシー」の時代に民権が拡大しようとしていた一九一九(大正八)年には三円以上となり、三〇六万人にまで増えた。さらに一九二五(大正一四)年には、ついに直接国税の制限が撤廃された。有権者は一二四〇万人と大幅に増加した。この改正は、日本政治史の上では「普通選挙」とされる。

しかし、現代の感覚で言えば、改正されてもなおこの選挙制度は「普通」とは言いがたい。選挙権が認められたのは、相変わらず満二五歳以上の男性だけであった。また被選挙権は満三〇歳以上の男性だけ。全人口の半数前後を占める女性には、参政権はなかったのだ。つまり国民のごく一部が選んだ議員が議席を得た。

そんな選挙でも、国民が選んだ議員と議員からなる政党が政権を運営していれば、「国民にも責任があった」論は多少なりとも説得力を増すかも知れない。しかし、実際はそうではなかった。

国民による選挙の結果、衆議院で最大議席を確保した党の党首が首相となり、内閣を組織して政治を動かす。現代であればそれが当たり前のこととして実現している。だが大日本帝国ではそれはむしろまれだった。一九二四(大正一三)年に成立した憲政会の加藤高明内閣から一九三一(昭和六)年の立憲政友会の犬養毅内閣まで、衆議院で第一党となった党首に「大命降下」、すなわち天皇が組閣を命じることとなった。「憲政の常道」と言われ、政党政治が定着するかにも見えた。ところが翌年の五・一五事件で犬養が殺され内閣が瓦解すると、「常道」は崩れた。犬養内閣の後は、有権者(二五歳以上の男性だけだが)が選挙で選んでいない人物が首相になることが続いた。日中戦争を始め、日独伊三国同盟を締結した近衛文麿首相は、「五摂家」(平安時代の貴族、藤原氏北家道長の流れをくむ。近衛家、九条家、鷹司家、一条家、二条家)筆頭の貴族である。その後を継いで、米英などとの破滅的な戦争に突き進んだ東条英機首相は軍人だ。開戦時の東条内閣の閣僚に、有権者が選んだ衆議院議員はただの一人もいない。

戦争は、国民が直接選ぶことができない政治家や軍官僚によって始められ、続けられたのだ。選挙権も被選挙権もなかったすべての女性と、二五歳未満の男性にまで「責任があった」という主張に説得力が乏しいことは明らかだろう。

では選挙権があった、二五歳以上の成人男子の責任はどうだろうか。

政党政治が定着した現代であれば、各党首が首相候補となる。選挙で多数を占めた政党（A党）の党首が、首相になる可能性が高い。有権者はそのことを知った上で投票する必要がある。A党の党首が首相になり、政治的ミスを犯して国民に損害を与えた場合、A党を支持した有権者に責任が生じる。それは当然として、A党以外の政党に投票した有権者にも責任はある。結果として、A党の政権を許してしまったことになるからだ。いずれにしても、現代の有権者は間接的に首相選びに関わることができる。

しかし前述のように、大日本帝国の時代は大正～戦前昭和初期の短い期間を除けば、総選挙である党に投票してもその党首が首相になるとは限らない。というより当時の政治状況からして、その可能性は非常に低かった。

さらに言えば、当時の首相は今日に比べると政治的権力が少なかった。たとえば、自分の政策に従わない閣僚を独断で罷免すなわち首にすることができなかった。第二次近衛内閣では、対米戦争回避を模索して妥協の道を探る近衛に対し、松岡洋右（まつおかようすけ）外相は消極的であった。日米は、日本に対して比較的融和的だった「日米諒解案」を元に交渉を進めようとしたが、日ソ中立条約を結びモスクワから帰国した松岡は、自分のあずかり知らぬところで交渉が進んでいたこともあって交渉のテーブルにあげようとしなかった。近衛内閣はいったん総辞職し、第三次内閣を形成。松岡は再任されず、事実上更迭された。

そんな、現代にくらべればはるかに権能の低い首相ですら、有権者は自ら選ぶことができなかったのだ。またその首相がどんな失政をしようとも、選挙でその首相を引きずり下ろすことはできなかった。

現代社会ならば、国の施策を自由に批判できる。だが大日本帝国の時代は違った。言論の自由は無かった。思想の自由も無かった。「国体の変革」をもくろんだり、「私有財産制度の否認」をする言動をしたら、治安維持法で死刑になる可能性があった。「戦争反対」の声を上げることは命と引き換えでなければ不可能であり、命を落としたところで戦争が終わる保証もなかった。こうしたことを考え合わせると、成人男性の戦争責任は全くないとは言えないものの非常に低いと考えるべきだろう。

つまり大日本帝国時代の有権者、国民に現代の国民と同じような「責任」を求めるのは筋違いなのだ。この点を認識しないと、「一億総懺悔」論にからめとられてしまう。

裁判と平行し立法運動を開始

さて前述のように二〇〇九年、東京大空襲国賠訴訟で東京地裁は原告敗訴の判決を下したが、一方で他の戦後補償訴訟と同じように、立法による解決を促してもいた。これを受けて原告団は二〇一〇年、「全国空襲被害者連絡協議会」(全国空襲連)を結成、裁判と平行して立法による救済を目指す活動を始めた。翌年には全国空襲連と連携して立法を目ざす超党派の国会議員連盟(空襲議連)が発足した。

二〇一二年、空襲議連による「空襲被害者等援護法」の素案がまとまった。死者一人につき遺族に一〇〇万円▽一五歳未満で孤児になった人に一〇〇万円▽負傷や病気になった人に、程度によって四〇、七〇、一〇〇万円をそれぞれ支給するものだ。試算では、対象者は最大で六五万人、予算総額額は六八〇〇億円だった。

総額は巨額ではある。個々人でみれば四〇~一〇〇万円。これも少額ではない。しかし毎年支給される軍人恩給と違い、ただ一度だけの支給だ。筆者はこの素案を見た時、「これで空襲被害者たちが納得するとは思えない」と感じた。しかし、この素案ですら行政から見たら乗り越えられるはずのない壁であった。

「当事者やご遺族のお気持ちをくんでああいう内容になりましたが、正直なところこれでは通らないと思っていました」。上記素案がまとめられてから八年が過ぎた二〇二〇年。当時、素案のとりまとめに関わった議員はそう回顧する。議員は元官僚で、現役官僚の受け止め方は想像できる。「対象も予算も多すぎる」、ということだ。議員は「これではたたき台にすらならないかもしれない」と感じていた。実際、「素案」が法律として実現することはなく、そもそも「法案」にすらならなかった。

新たに作られた救済法案「骨子」

二〇一三年、東京大空襲国賠訴訟は最高裁の門前払いにより、原告敗訴で終わった。司法による救済はなくなった。原告たちは立法による救済に望みを託した。

そうした中で、全国空襲連は新たな法案「骨子」の作成を進めた。二〇一五年一二月八日、衆議院第一議員会館で開かれた全国空襲連の集会で、その「骨子」が発表された。

対象となる期間は一九四一年一二月八日の開戦から一九四五年八月一五日の敗戦まで。対象者は日本国内（公海上の日本船舶を含む）で、航空機の爆撃や射撃、船舶からの砲撃、魚雷、機雷などの戦闘行為による被害者である。対象者に「身体障害者福祉法」を援用し、同法が定める障害第一級＝一五〇万円、第二級＝七〇万円、第三級＝三五万円を「特別障害給付金」として支給する、というものである。

金額は二〇一〇年に議員立法で成立していた「戦後強制抑留者に係る問題に関する特別措置法」(シベリア特措法)による特別給付金、(抑留被害者一人当たり二五～一五〇万円)を参考にしたという。

二〇一二年の「素案」に比べて、対象者が大幅に後退していることがわかる。空襲などで被害を受けた人の中には、「身体障害者福祉法」が定める「障害者」ではない人もいる。たとえば孤児になって苦労したり、家財を焼かれて無一文になったりと、身体に障がいを負わなくても被害に遭った人たちはたくさんいる。しかし、そうした人々は、この「骨子」では対象にならない。遺族も対象にならない。

骨子は東京大空襲国賠訴訟で弁護団に加わった、四人の弁護士がまとめたものだ。その一人は「(国の)財政が非常に厳しいなかで、本当に苦渋の選択です。「(骨子に)納得できない」という人もいるけれども、苦しんできた杉山(千佐子)さん、安野(輝子)さんたち、障がいのある人たちへの補償を早くすべきだ、と。私たちの苦渋の決断ということをわかって頂ければ」などと話した。

杉山は一九一五年生まれ。一九四五年三月一九日に続く二五日の名古屋大空襲で防空壕に生き埋めになった。命はとりとめたものの、顔面などに大けがを負った。二九歳だった。戦後は化粧品のセールスや家政婦などをして暮らした。「いつか国が助けてくれる」と信じていた。転機は名古屋の南山大学の寮母として働いていた時だ。教授に言われた。「この国は黙っていたら何もしてくれないよ。声を出しなさい」。五〇歳の杉山は動き出した。一九七二年、全国戦災傷害者連絡会(全傷連)を結成。国が補償を拒む民間戦災死傷者の救済運動を始めた。翌年には当時の野党・社会党が民間戦災死傷者を救済する「戦時災害援護法案」を参院に提出した。審議未了で廃案となったものの、未補償の民間人戦争被害者が多くいることが知られるきっかけとなり、全傷連の会員は最大八〇〇〇人近くに上った。

これ以降、一九八八年まで実に計一四回、同法案はいずれも野党によって国会に提出されたが、与党・自民党の同意がなく廃案となった。

その後、民間人空襲被害者を救済するための法案は国会に提出されなくなった。一方で、戦後補償問題を巡っては二〇一〇年に大きな動きがあった。「シベリア特措法」の成立である。

日本が敗戦した一九四五年夏以降、ソ連は満州などにいた日本人らおよそ六〇万人を自国領やモンゴルに移送し、強制労働をさせた。米英中が一九四五年七月二六日に署名した「ポツダム宣言」には、「日本国軍隊ハ完全ニ武装ヲ解除セラレタル後各自ノ家庭ニ復帰シ平和的且生産的ノ生活ヲ営ムノ機会ヲ得シメラルヘシ」とある。ソ連も同年八月九日、日ソ中立条約に違反する形で満州侵攻を始めた後、同宣言に署名しており、この規定の拘束を受ける。しかし、日本人をなかなか帰そうとしなかった。

飢えと極寒、重労働の「三重苦」でおよそ六万人が死んだ。抑留の中では日本人同士の相克もあった。ソ連式の共産主義に共鳴する者と、そうでない者たちの対立が激化したのだ。抑留は最長一一年に及び、一九五六年の日ソ共同宣言締結によってようやく終わった。抑留自体が国際法に反しており、ソ連は日本に補償をする必要がある。さらに、ソ連は抑留者の労働に対する賃金も支払っていなかった。しかし日露両国は、同宣言で戦争に関する賠償請求権を相互に放棄した。つまり、日本人抑留者がソ連に補償を求めることは事実上不可能となったのだ。

抑留された当事者の意見を聞かない上での判断だ。その判断をした日本政府は、抑留で苦しんだ国民や遺族に補償を行うべきだろう。しかし、政府はこれに応じない。このため、元抑留者による国賠訴訟が相次いだ。最初は一九八一年、元抑留者らの団体「全国抑留者補償協議会」(全抑協)の原告六二人が、抑留中の労働賃金の未払い分など総額二億六四〇〇万円の支払いを国に求めて東京地方裁判所に提訴した。

裁判所の審理は八年に及んだ。判決は一九八九年四月一八日。原告全面敗訴であった。ここでも「戦争被害受忍論」の魔刀が被害者原告を斬り捨てた。原告は控訴するも再び敗訴。上告したものの一九九七年三月一三日、敗訴が確定した。提訴から実に一六年に及ぶ闘いであった。最高裁は原告の被害を認定しつつ、解決は「立法の裁量」であるとした。

長年の法廷闘争で敗れた全抑協は、運動の方向性を見失った。最大で一七万人いた会員は一割以下に減った。それでも二〇〇三年、元栃木県議会議員の寺内良雄が第四代会長に就任してから活動を再開し、闘いの場を立法活動に移した。全抑協は同年、八月二三日を「シベリアデー」として、抑留犠牲者の追悼式を始めた。会場は東京・千鳥ケ淵の国立戦没者墓苑である。全抑協は補償を求めて国会前の座り込みも行い、立法による救済を求めた。八〇歳以上の高齢者による座り込みは異例だ。

メディアの報道が相次いだ。そして当時野党だった民主党が動いた。翌年、「戦後強制抑留者特別給付金法案」を衆議院に提出した。廃案となったが二〇〇五年、二〇〇六年にも提出した。しかしいずれも与党・自民党と公明党の反対多数で否決された。抑留経験者は立法を信じて議員への陳情や集会を行った。二〇〇六年の時点で、生存する抑留経験者の平均年齢は推定で八四歳。「無給で働かされるのは奴隷。奴隷のまま死ぬわけにはいかない」。寺内らは立法活動を続けた。

野党案を退けた与党だが、対応はした。抑留経験者と引き揚げ者、恩給欠格者（軍に所属していた期間が、恩給支給の条件より短いため支給されない者）らに「特別慰労品」を贈ることとした。旅行券一〇万円分、置き時計、万年筆などから一つを選ぶものだ。

国策である戦争によって長期間抑留され、人生をねじ曲げられた者たちにとって、到底納得できるものではなかった。「時計なんて売るほど持っている」「一〇万円の旅行券で、もう一度シベリアに行ってこいとでもいうのか」。筆者の取材に、抑留体験者は不満をぶちまけた。

抑留体験者の気持ちを理解しない事業ではあったが、政府がそれまで「解決済み」としてきた戦後補償問題について、実は解決していなかったことを認めたことになる。全抑協は補償実現に向けての活動を続けた。しかし二〇〇八年、寺内は悲願の成就を見とどけることなく、八四歳で亡くなった。

二〇〇九年八月の総選挙で民主党が自民党を破り、政権交代を実現した。抑留経験者の期待は高まった。首相となった民主党党首の鳩山由紀夫は、野党時代から抑留者への補償問題に熱心にかかわっていたからだ。二〇一〇年五月、通常国会に議員立法で提出されたシベリア特措法がまず参議院で可決された。全会一致、つまりかつて反対していた自民・公明両党も賛成した。抑留期間に応じて一人あたり二五〜一五〇万円の特別給付金を支給することが柱だ。

鳩山が国会会期最終盤の六月八日、わずか一年足らずで退任してしまうなど混乱があったが、シベリア特措法は国会最終日の六月一六日、衆議院でも可決し成立した。当時、与野党の対立は激化していた。それでも、法案が可決されると多数の議員が立ち上がって、傍聴席に向かって拍手を送り、その音は議場の高い天井に響いた。傍聴席で見守っていた抑留体験者や遺族は手を取り合って涙し、喜んだ。

同法は即日施行され、最終的には抑留経験者六万八八四七人に総額一九三億円が支給された。一人平均で三〇万円に満たない。国策によって人生を狂わされた者たちに対する補償としては、「桁がいくつか違うのでは？」とも感じる低額である。ただ、「戦後処理問題は解決済み」という従来の政府の方針を打ち破った意味は大きかった。未補償の民間人空襲被害者たちにとっても、大きな励みになった。

前述のように、二〇一一年、援護法の成立を目指す空襲議連が作られた。しかし翌年の衆院選挙で、議連の中心となっていた民主党議員の多くが落選し、活動は事実上停止した。

そうした中で補償問題に取り組み続けたのが、柿沢未途だ。東京大空襲で焼き尽くされた東京・深川出身で、自身の選挙区でもある。二〇一五年六月一八日、衆議院予算委員会で安倍晋三首相に民間人空襲被害者への戦後補償問題についてただした。三カ月前の三月一〇日、安倍は東京・両国で行われた空襲被害者の慰霊法要に歴代首相として初めて参列していた。「このタイミングなら」。柿沢は満を持して質問した。

「安倍総理は、今年の三月一〇日、東京大空襲の犠牲者を追悼する慰霊法要に歴代総理として初めて御出席をされ、両国の慰霊堂で手を合わせていただきました。この問題に深い思いをいたしておられる、そういう総理だと思っています。だからこそ、この戦後七〇年、お願いをしたいというふうに思っています。空襲被害者の遺族、子供や兄弟姉妹、こういう皆さんに対して、希望者に、弔意やお見舞いに当たる金品、品物で私はいいと思いますが、そうしたものを国から贈呈する、過大な予算措置が生じないように留意をしながら、法的措置による何らかの決着を講ずべきではないかと私は思います。私は、安倍総理だからこそこのことを決断できるのではないかと期待しています。最後の戦後補償の解決をどうお考えになるか、御答弁頂きたいと思います」

安倍は答えた。「空襲によって命を落とされた方々に対してどのような対応をすべきかということについては、超党派の議連における熱心な御議論があることは私も承知をしております。(中略)さきの大戦におけるいわば被害、あるいは国民の命が失われたことに対してそれぞれどのように対応していくかということについては、まさにこれは国会においても十分な御議論をいただきたい、こう思う次第でございまして、これは立法府において、もちろん行政ということもあるかもしれませんが、まさにみんなで考えていく問題ではないか、このように思っております」

柿沢の質問に対して、安倍は政府による補償を明言したわけではない。しかし「すでに解決済み」と斬り捨てたわけでもなく、立法府や行政府が考える余地があるという認識を示した意味は大きい。

この国会論戦当時、空襲議連は事実上活動停止状態にあった。柿沢は議連の再建にも奔走した。かつて社会党などの野党が、民間人空襲被害者の救済法案をくり返し国会に提出したものの、すべて廃案になっていたことを知っていた。それゆえ、「活動だけではなく、形になる成果を残さなければならないと。与党である自民党と公明党から役員を出してもらい、かつ自民党から会長に就いてもらうことに腐心した」。法務大臣などを歴任した鳩山邦夫衆院議員が会長となった。しかし二〇一六年に死去。同じ自民党の河村建夫元官房長官が会長となった。

立法に向けての活動は加速した。議連は、民間戦災傷害者に独自の援護をしている名古屋市の担当者から制度の説明を受けた。空襲被害者や弁護団との話し合いも進めた。弁護団と相談し、衆院法制局の協力を得て二〇一七年四月、新たな法案の骨子ができた。肝は法施行時点の生存者で、空襲や艦砲射撃などにより、身体障害者福祉法の別表が定める身体障害者やケロイドになった人らに一律五〇万円を支給する、ということだ。法案の骨子ができあがるたびに対象者や金額などが減っていく。背景には、弁護士や議員らの「当事者が健在なうちに何とか立法を」という思いがある。

「五〇万円では義足すら買えません」

一方、活動を続ける空襲被害者の胸中は複雑だ。たとえば安野輝子(一九三九年生まれ)は、六歳の時、空襲で左膝から下を失った。「戦後七二年の片足人生の心身の苦しみが、足一本が、五〇万円ですか……。これでは私が今つけている義足も買えません」

この骨子を知って息をのんだ。

鹿児島県川内(せんだい)市(現薩摩川内市)の生家は商売を営み、豊かだった。しかし一九四五年七月一六日、午後二時ごろ。安野が自宅で二歳と四歳の弟、同い年の従姉妹と遊んでいた時、米軍の空襲があった。安野は左脚に爆弾の破片を受け、気を失った。駆けつけた警防団員らに病院に運ばれた。病室には、自宅の向かいにあった銀行に勤めていた女性がいた。爆弾の破片を後頭部に受けていて、「地鳴りのようなうめき声」を上げていた。その女性は一晩持たずに死去。安野は出血多量ながら命を取り留めた。しかし膝から先を失った。

一家は、隣の高城村(同)にある祖父の家に身を寄せた。食べ物は乏しかった。「母は魚などが手に入ると、私に食べさせてくれました。『傷が治るように』って」。二歳の弟が栄養失調で逝った。

出征していた父は復員したが、やがて家を出た。安野は敗戦の翌春、地元の小学校に入学した。「トカゲのしっぽみたいに、脚が生えてくると思っていた」という。

安野は学校を休みがちだった。雨の日は松葉杖が滑るので登校できなかった。同級生から奇異な目で見られるのがつらかった。「体育の授業も運動会も、運動場の隅で一人で見ていました。みんな楽しそうに走ったり、踊ったり。私は傍観者でした。いつも孤独で、『私なんか助からなくても良かったのに』と思っていました」。空襲があるまでは幸せだった。「何も悪いことをしていないのに……」何度もそう思った。その小学校の集合写真、安野の左足がボールペンで塗りつぶされている。自身が塗りつぶしたものだ。膝から下の部分を折り曲げた写真もある。空襲とその被害を無かったことにしたかったのだろう。結局、小学校六年間で通ったのは三分の一ほど。中学も満足には通っていない。

母は家族を養うため、実家のあった大阪に引っ越した。安野は「いもむしのように」家にこもっていた。母親に自立をうながされ、洋裁を習うべく、大阪市内の学校に三年通った。「デザインをして、生地を決めて。一枚の布から洋服、ドレスができてゆく。それが面白くて」。やがて洋裁師として独り立ちした。既製服が一般化していない時代で、オーダーメードの注文はたくさんあった。仕事に熱中した。

折しも一九七二年、杉山千佐子たちの全傷連総会が名古屋で開かれることになった。それを新聞記事で知った母親が、安野に出席を勧めた。「洋裁の仕事が面白かったし、面倒くさいなと思っていた」。半ば嫌々足を運んだことが、安野の後半生を方向付けた。

参加してみると、戦争によって障がいを負った人たちが想像以上に多いことを知った。安野たちは互いに励まし、励まされた。そして元軍人・軍属と民間人の間に政府が掘った、差別という深い溝を知った。

安野はそれまで、義足のことを他人に知られないようにしていた。しかし、障がい者の団体として活動する以上、隠すことはできない。覚悟を決めた。

戦勝国のイギリス、敗戦国のドイツですら民間の戦争被害者に一定の補償をしている。「私たちが声を上げたら、法律はできると思っていました」。国が始めた戦争で同じような被害に遭いながら、その国に補償される人とされない人がいる。そんな不条理が続くはずはないと信じた。前述のように野党が一九七〇年代から八〇年代に一四回、救済法案を国会に提出したが成立しなかった。「その後は法案も出なくなって。（仲間と）「私たちは何事もなかったかのように死んでゆくんだね」と話していたんです」

「虫けらのように扱われて死んでゆく」ことを覚悟していたが、再び立ち上がった。きっかけは二〇〇三年、自衛隊がイラクに派遣されたときだ。子どものころ、母親に「どうして戦争に反対しなかったの。戦争がなければこんなにつらい目に遭わなかったのに」と言った。母親は答えた。「気がついたら戦争が始まっていた」

テレビで自衛隊が海を渡る光景を目にして「何もしなければ、またいつの間にか戦争になる。子や孫の世代に、自分と同じような苦しみを経験させたくない」と思った。「戦争をしたら被害者に補償をしなければならないと、国に分からせること。それが戦争を食い止める力にもなる」とも。

二〇〇七年、同じく空襲で障がいを負った四人で「戦災障害者の会」を結成した。再び「戦時災害保護法」の制定を目指して、大阪の繁華街で署名活動を始めた。二カ月で三〇〇〇筆近くの書名を集め、安野らは上京した。持っていった内閣府も厚生労働省も受け取ろうとしなかった。「戦後処理は終わったこと」「担当部署がない」そんな理由だった。行政に頼ってももう解決しない。陳情や署名では自分たちの声は国に届かない。安野たちはそう悟った。二〇〇八年、二三人が国に謝罪と補償を求める訴訟に踏み切った。安野が原告代表を務めた。しかし二〇一一年に大阪地裁で敗訴し、控訴審の同高裁でも二〇一三年に敗れた。いずれも原告の被害を認定しながら、訴えを退けた。最高裁で二〇一四年に敗訴が確定。以来、東京大空襲国賠訴訟団などと連携し、立法による救済に望みをつないでいる。

しかし、救済法案やその骨子ができるたびに、対象者が狭まり特別給付金の金額も低くなる。安野は「私は障がい者ですけれど……。一番補償をすべきなのは、亡くなった人だと思います」。死者に物理的な補償をすることはできない。せめて遺族にそれをすべきではないか。そういう気持ちだ。

法案の内容について進む議論

議連再建と法案作成に奔走した柿沢は、安野ら空襲被害者の不満を知っていた。「『対象が狭すぎる、金額が低い』といった批判はあります。しかしこの運動に長年関わってきた空襲体験者や、支援してきた弁護士などが議論をしてまとまったもの。当初目指していたものからはかなり譲歩したのは、国家として、国会としてきちっとした結果を出す。超党派で賛同できる、成立させられる内容にしなければならないということで、苦渋の決断だった」と話す。

その法案ですら、なぜ国会に提出できないのか。「もともと野党の側から出た運動であることが影響している。もう一つは、法案の対象者について我々はかなり厳格な線引きをしているが、「パンドラの箱」論の人たちがいるからです」

空襲被害者は全国にたくさんいる。仮に一部でも認めれば際限なく広がってしまう。さらに民間人空襲被害者への補償に踏み切ったら、他の未解決の戦後補償問題に波及する。それが、政府が空襲に限らず戦後補償実施に一貫して消極的だった懸念、「パンドラの箱」論だ。柿沢は、先に見た国会での安倍首相との論戦によって、この論者が補償の実現を「押し戻そうとする動きも顕在化したように思う」と振り返る。

空襲議連は議論を重ねた。たとえば二〇一九年一二月五日。国会内で総会が開かれた。これに先立つ安倍晋三内閣の改造で、議連の中からいずれも自民党衆院議員の田中和徳が復興相、北村誠吾が地方創生担当相として入閣した。北村は早くから議連の中心メンバーとして活動してきた。議連結成以来、現職閣僚の参加は初めてだ。この日の総会であいさつした。

「わが党のまとまりがなかなかできず、きちんとしたご報告ができないまま今日に来ています。誠に不本意ですが、いろいろな勉強会、また直接空襲被害者のお話も聞かせていただき、私なりの思いはありますが、党の考え方と私の考え方は相当隔たる部分があります」

法案骨子は議連の役員が各党、各会派に骨子を持ち帰っている。そこで同意されなければ前に進めることができない。その手続きが自民党内では難航していることを伝えるものだ。さらに述べた。

「何とか粘って自民党の中で理解してもらえるように、私が河村（建夫）先生をお支えして何とかできないか。大臣となりますと発言に拘束を受けますが、信条を述べさせていただけば、戦後処理問題は、一区切りがついているはずだ、という認識について私は今少し議論しなければならない、理解を広げることが必要。皆さんと一緒に念願の実現のために働かせていただきたい」

「戦後処理問題は解決済み」。それが政府の認識だ。閣僚である北村の発言は、そうした政府見解と対立するものである。

河村会長も一九八二～八七年の五年間内閣を率いた中曽根康弘のスローガン、「戦後政治の総決算」に触れて言った。「改めてこの空襲議連の意義を皆さんと再確認しながら進めていきたい。我々が積み上げてきた法案があります。それを再確認しながらと思っています。まあ、戦後の総決算ということがいろんな形で言われます。中曽根総理が亡くなった時もそう。しかしその中で「これが残っているじゃないか」と言われれば、まさに異論はない」

総会では、議員らから質問も相次いだ。法案の対象は空襲などで障がい者となった人やケロイドを負い、かつ法施行の時点で生きている人だ。舟山康江参院議員はこれについて「（法案の対象を）まずは第一歩として絞ったのでしょうか。それ以外の両親を失った方、戦災孤児として苦労された方もいますが、どうなっているのですか」と問うた。障がい者以外にも、空襲による被害者は多数いる。法案はそれを対象にしていないのではないか、との指摘である。

事務局長の柿沢が答えた。「この限定についてはいろんな議論がありました。対象を広げるほど実現の可能性が低くなってしまう。少なくとも今ご健在で空襲被害との関連性が立証できる方々をまず対象としてこの法律を作ろう、ということで、関係者も苦渋の決断で今のような内容になりました」。法案骨子では、戦災孤児などを含めた被害の実態調査を国に課してもいる。

さらに大西健介衆院議員は「この法律の対象者はどれくらいですか。必要になる予算額とも関わります」と問い、その根拠もたずねた。

全国空襲連のメンバーである弁護士らの推計として四六〇〇人程度、との報告がなされた。名古屋市が独自に空襲被害者に行っている援護事業の対象者や、身体障がい者の数、沖縄戦の被害者数などにより算出したものだ。

空襲を巡っては、政府がまともな実態調査をしなかったこともあり、被害者の数や程度は分からない。救済法の対象者も推計の上に推計を重ねなければならないのだが、柿沢が「概算ですが、これが一〇倍や二〇倍に増えることはないだろうと思っています」と述べた通り、桁がいくつも違うほど対象者が増えるとも思えない。

前述のように、特別給付金は一人五〇万円。年金ではない。国が一回だけ支払って終わりである。予算は約二六億円。元軍人や軍属と遺族に対して、日本政府が六〇年以上におよび支給してきたのは累計六〇兆円。さらに言えば、日本政府がこの時点で一〇〇機以上購入することになっている米国製戦闘機F35は一機一〇〇億円以上だ。

「所管外」と強調する厚労省

さらに二〇二〇年三月二七日、衆院第二議員会館で空襲議連の総会が開かれた。冒頭、柿沢があいさつした。「議員立法の要綱素案(法案骨子)ができあがっておりまして、どう扱うかを巡って、ここのところ二年ぐらい議論が停滞、足踏みをしています。そういう中で（戦後）七五年を迎えていますので、何とか進めてまいりたい」

続いて議連会長の河村もマイクを握った。

「この問題については、もう考え方は一つの大きな方向で集約されていると思います。すでに法律素案を作っていて、「これで十分か」と言われればいろんな課題もありますが、集約をしたもので、この辺りでさらに深掘りをしてぜひ実現を図りたいと思っています。七五年が経過したということは、当時の皆さんがたいへん高齢でおられるということで、私どももこの問題を時間的な問題としても考えていかなければならない。また、すでに最高裁の判決でも「球は立法府にあります」と受けているので、我々の課題として解決しなければならないと認識していきます。次に向かってどのような壁を突破するのか、皆さんと一緒に考えていきたいと思いお集まりいただきました」

次に議題に上がったのは所管官庁がどこか、ということだ。法制局の担当者は「厚労省に親和性がある制度設計」と答えた。同省は元軍人・軍属やその遺族らへの援護事業を行ってきただけに、自然な判断だ。

一方で厚労省の担当者は、「戦傷病者戦没者遺族等援護法」（一九五二年制定）を挙げて、「今までの私どもの支援は国と雇用関係、またはこれに類する特別な関係にあった方々で負傷や病気や亡くなった方に対して、国家補償の精神に基づき補償する」と説明。民間人空襲被害者の救済については、「国家が強制的に戦地における戦闘行為や軍需工場に参加させた、という事象にない一般戦災者は対象にしないことから、私どもの所掌からははみ出ている。現状はそういうことだと思います」と応じた。

要するに「厚労省の所管ではない」、という返事だ。

出席した議員や遺族からため息がもれ、数秒、沈黙が続いた。

議連の法案が想定しているのは自治体を通じての特別給付金支給だ。となれば総務省も絡む。省庁横断が必要な事業でもあり、内閣府が主導すべきとの考えもあり得る。ただ全体として、厚労省が適当という結論に達している。議連が数年かけて積み上げてきた議論の結果だ。それを、この段になって「うちではありません」と言われたとも取れる。

議員の一人が「被爆者援護法」について挙げ、「これは雇用関係の有無にかかわらず、原爆の被害に対して国が援護を被害者に行っています。これは厚労省の所管では？ 矛盾している」、と指摘した。担当者は「原爆は特別な被害ということで……」と応じた。議員からは今度はため息と失笑が漏れた。衆議院法制局の担当者も話した。「戦後処理の立法については厚労省の言う通りで、国との特別な関係にあることを前提としたスキーム（枠組み）で、原爆の被害は特殊性ということで一般の被爆者にも救済をしているということです」

「爆弾の種類が違うだけです」。筆者の隣にいた、全国空襲連の河合節子が静かに、しかしながらきっぱりとつぶやいた。原爆であれ、東京を焼き尽くした焼夷弾であれ、爆弾という点では同じだ。大切な人を失ったという点でも、遺族にとっては同じである。原爆は放射能によって本人に長く被害をもたらすだけでなく、胎児にも影響を与えることなどから、「特別な被害」とされる。国が原爆を「特別」としたのは、そうしないとあまたある戦争被害のうち、ことさらに原爆被害者だけに補償を行う理屈が立たないからだ。「特別」を言い立てることで、その他の戦争被害に補償しないことを正当化しようとしているのだ。

しかし、原爆以外の空襲被害者にとっては説得力がとぼしい。河合の父親がそうであったように、原爆以外の空襲被害でも長く後遺症に苦しんだ者はたくさんいる。また第二章で見た通り、幼児のうちに保護者がいなくなってしまい、戦後長く苦しんだ者たちもたくさんいる。それぞれの被害がすべて「特別」なのだ。

衆院法制局のいう「スキーム」を変えるかどうかは、政治が判断すべきことである。すなわち新たに作る救済法などで「所管は厚労省」と定めれば済む話だ。

筆者は、「今さら所管官庁がどこかを話し合っているのか……」とあきれていた。しかしこのあたりから、総会の雰囲気が「いつもと違うな」と思った。というのも、この議員と官僚のやりとりが、それまで何度も行われてきた総会では感じられなかった熱を帯びていたからだ。結局、所管は厚労省という合意が議連で確認された。

さらに、立法の大きく高い壁になっている点について議論が進んだ。それは過去数回、戦後補償が行われるに当たって政府と与党がした「了解事項」である。たとえば二〇〇六年、引き揚げ者やシベリア抑留者、恩給欠格者を援護する立法がなされる前には「戦後処理問題に関する措置はすべて確定・終了したものとする」という「了解事項」が確認されている。

これに対して、全国空襲連の運営委員長で要綱素案の作成にも関わった黒岩哲彦弁護士が発言した。東京大空襲国賠訴訟原告弁護団の一人でもあった。「この了解事項では空襲被害者についてては議論されていません。議論されていないものが終了とはならない、と考えています」。さらに二〇一〇年、シベリア抑留被害者に特別給付金を支給する法律が成立するにあたり、やはり政府・与党間による「了解事項」の中で「シベリア抑留者については、長期間にわたった劣悪な環境の下で強制抑留され、多大な苦難の下、過酷な強制労働に従事した特別の事情に鑑み」という一節を挙げて「特別な事情があれば救済される、ということが確認されています」

などとした。

「私たちに時間はありません」

続いて空襲被害者を代表し、河合が話した。戦後七五年の節目、通常国会のさなかでの重要な総会だ。出席したかった者たちは他にもいる。ただ新型コロナウイルスの感染拡大防止のために、多くが差し控えた。河合はそうした人たち、さらには亡くなった者たちの気持ちもくんで発言を始めた。

「私自身は一九四五年三月一〇日に母親と幼い弟二人の合わせて三人の命を奪われ、父は大やけどを負って大変醜い容貌になりました。その時、私はもうすぐ六歳、入学直前の年齢でした。紙一重で孤児になっていたかもしれません。

被害者の一人として、東京大空襲訴訟に参加した時に、私よりももっとひどい被害を受けた方がこんなにもいたということを知ることになりました。顔の半分を爆弾で吹き飛ばされ、目を失った人、手や足を失った人、体に穴が開いたまま、いまだに体液が漏れ出している人など、こうした障がいをもたらし、その後七五年間も苦しみ続けることになった原因は戦争でした。

家族がみんな死んでしまって、孤児になった乳幼児や、学童疎開で親元を離れている間に孤児になった子どもたちはどれくらいいたのでしょうか。全国で一二万人以上という数字がありますが、実際はもっと多かったとも言われています。孤児たちの養育は国の施策としてはほとんどなく、わずかに孤児院や篤志家による救済はあっても、ほとんどは親戚に押しつけられました。自分たちの食べるものもないところに厄介者を養育するゆとりはなく、虐待を受けたり、牛馬のように働かされ、逃げ出して都会に来れば治安の対象となりました。学校に行けなかったために、成人後もハンディを負うことになりました。養育者に少しでも援助があったら、もう少し人間らしく扱われたのではなかったかと思わざるを得ません。国の意思によって起こされた戦争の結果に責任があったことは、いくつもの裁判によっても確認されてきました。

戦時中には戦時災害保護法があって、空襲による生命、財産の被害に対しては相当の援護が約束されていましたが、大空襲後は実施されず、七五年間放置されてきました。戦後間もなくから私たちの先輩が救済を求め続けてきましたが、大きな声の陰で押しつぶされてきました。

空襲の最大の被害者は死者ですが、その多くが遺体の確認ができず、どこのだれかも分からずに、生ごみのように処理されました。残された遺族の多くは、墓を作ることもかなわず、今でも心のよりどころがないと感じています。空襲被害について、自治体や民間団体による調査はあっても、国として統一的網羅的に調査されたことがありません。空襲で亡くなった人の名前も、数さえも不明です。いつ、どこで、どんな被害があったのか、全国空襲実態調査を実施してください。

この法案が成立した暁には、生存している障がい者に特別給付金が支給されるとありますが、七五年も前のことを証明できる人がいるとは思えません。被害調査と矛盾がなければ支給されるべきだと思います。そのためにも統一的網羅的全国調査がなくてはならないと思います。そして給付金の対象とならない、孤児を含む遺族にとっては実態調査とそれに基づく追悼の措置が慰藉のためにもとても大きな意味を持ちます。特別措置法の最後に添え書きのように書き加えられていますが、私たちにとってこの項目は大変大きな意味を持つものです。この点も確認をお願いいたします。

被害の大きさに対して、ささやかな内容のこの法案を成立させてほしいと切望している私たちをけげんな目で見る人があります。私たちは、空襲被害を無かったことにしないために、そして裁判所が立法によって解決すべきとした判決を実現させていただくために、民間人空襲被害者の人間回復の機会を失わないために、ぜひ今国会で成立させてください。全国空襲連を率いてきた主要メンバーがこの二、三年に次々と他界しました。残った私たちも、先は長くありません。議連の皆様には、どうぞよろしくお願いいたします」

六年ぶり、国会での議論

「野党は全て党内手続済みです。自民党の党内手続どうなっているのか、」「政府だって大きな責任を負っていると思いますよ。何がハードルなんでしょう。何が問題なんでしょう」。二〇二一年三月五日、参議院予算委員会。空襲議連のメンバーである舟山康江議員が、戦後補償問題に関して政府に迫った。まず、空襲被害者についてどう思うか。菅義偉首相に聞いた。

菅首相「さきの大戦において、全ての国民の皆さんが何らかの戦争の犠牲を負った中で、一般市民の中にも筆舌に尽くし難い御苦労を体験された方、多数いらっしゃるということを承知をしております。／いずれにしろ、今日の我が国の平和と繁栄がさきの大戦における多くの犠牲と御労苦の上に築かれている、こうしたものを私どもは忘れてはならないというふうに思っています。次の世代にしっかりと引き継いでいきたい、このように思います」

政府が戦争の記憶と記録を次の世代に引き継ぐのは当たり前の責務だ。当事者たちが求めているのはそれだけでなく、誤った戦争を行った国による謝罪と応分の補償だ。この点については過去にも国会で度々議論されている。舟山はその一つに触れた。

舟山「平成二七(二〇一五)年六月一八日の(衆議院)予算委員会で、当時の安倍(晋三)総理が行政府でも考えていくべき問題と答弁をされています。政府内でこれまでどのような検討をされたんでしょうか」

前述のように、この予算委員会では空襲議連の事務局長を務める柿沢未途議員が、民間人空襲被害者の補償問題について安倍晋三首相に質問した。安倍首相は「立法府において、もちろん行政ということもあるかもしれませんが、まさにみんなで考えていく問題ではないか、このように思っております」と答えていた。

舟山の質問はこれを踏まえてのものだ。

田村憲久厚労相は「安倍前総理でありますけれども、空襲等被害者への対応につきまして、超党派による熱心な御議論があることを前提に、まずは立法府における十分な議論、御議論をいただいた上で行政府も含めてみんなで考えていく、(中略)というふうに答弁されたというふうにお聞きをいたしております。厚生労働省の所管を超えている部分もあるんですけれども、我々は我々で、言うなれば一般の社会保障施策の中で、従事する中で、戦争によって被害を被られた方々も対応してきているわけでありますが、これ、まずは議員、超党派の議員連盟であられるという話でございますので、安倍総理もここで御答弁されているように、まずそこの動きというもの、これをしっかりと注視」するなどと述べた。つまり国会が立法の方向を決めるのが先、ということだ。民間人戦争被害者への補償に消極的な、政府の姿勢がにじむ。

筆者はこの問答を国会で傍聴していた。「戦争被害者に対する補償は、国会議員ではなく政府主導で行われたものがたくさんありますよ。どうして民間人空襲被害者たちへの補償だけ議会任せなんですか？」と、田村に聞きたくなった。

舟山は政府の責任を追及する。「政府だって大きな責任を負っていると思いますよ。何がハードルなんでしょう。何が問題なんでしょう」

田村は「政府として、雇用関係にあった軍人軍属の皆様方、この方々は（中略）その使用人としての立場から補償というような対応」などと答えた。

戦後補償問題で、政府側が民間人への補償を拒む際に主張する「雇用者責任論」である。軍人・軍属は政府が雇用していた。だから被害には補償する。しかし民間人は雇用していなかった。だから補償の義務もない、という言い分だ。

これに対しては、被害者民間人にも言い分がある。たとえば戦時下、政府は第三章でみた防空法をもとに、空襲時に市民が逃れることを禁じ、「空襲時の応急消火義務」を課した。違反者は懲役六カ月もしくは五〇〇円以下の罰金を課すこととした。教員の初任給が五五円の時代である。その巨額さが分かる。防空法は、「逃げるな、火を消せ」という政府の命令であった。青森大空襲のように、これが足かせになって空襲被害を拡大した例がある。

しかし、政府は防空法で縛られた民間人にも補償を拒んできた。田村厚労相はこの経緯を踏まえて、「（防空法では民間人に）従事命令は掛かっていなかったわけで、（中略）国民一般としてそういうような火災等々が起こった場合に対して防火に従事する」などと答弁した。

一口に「火災」といっても、戦争によるそれと個人の過失によるものではまるで意味が違う。国が始めた戦争の中、空襲で家を焼かれた人と、たとえば寝たばこの不始末で自分の家を焼失した場合とでは、国家の責任も個人の責任も著しく異なる。前者の場合、市民には何の責任もない。雇用しない＝対価を支払わないままに民間人に戦争協力を強いておきながら、被害に対する補償はしない。非常にたちの悪い切り捨てである。

舟山は追及を続けた。「（防空法によって国民が）実質逃げられないような義務が掛かっていたんじゃないんですか」

田村は「従事の義務は課していたとしておりますけれども、その従事命令が出されていたというわけではな」い、と答えた。

「義務」を課すことと「命令」との間に、補償をする・しないを分けるほどの違いがあるとは、筆者にはとうてい思えない。「霞が関語」もしくは「永田町語」の世界では通るのかもしれない。しかし庶民としては理解しがたい。

舟山が「実質的に命令ですよ。職業として戦争に参加している人は助けられて、そうじゃない人はいくら被害を負っても何もない。おかしくないですか」とさらに迫る。

田村は「雇用者責任論」を繰り返した。「多くの皆様方に戦争という、第二次世界大戦というものに対して御迷惑をお掛けしたという、そういう意味では国として大変申し訳なく思っておりますけれども、そういう意味で、先ほど来申し上げておりますとおり、国と雇用関係にあるような、そういう対応に関しては国が使用者というような形で補償という形でございますけれども、一般の国民の皆様方に対して、いろんな一般の福祉施策では日本の国としてその充実する中において対応しております」

民間人の戦争被害者には通常の社会保障で対応する。政府は七〇年以上前、敗戦国時代にGHQから受けた指令を忠実に引き継いでいる。他方で、GHQが禁止した軍人や遺族への補償や援護は一九五二年に独立を回復するや矢継ぎ早に行ったことを、ここでもまた確認しておこう。

ぜひ、被害者に会ってほしい。舟山は菅首相にそう提案した。

菅「政府の立場は今厚労大臣から話したとおりでありまして、一般戦災被害者の方々からの御要望については、お尋ねの法案自体が議員立法として検討中の段階にあるものと承知しており、現時点においては政府としてはその動きを見守っていきたい、こういうふうに思います」

政府提案の法律、つまり閣法としてやるつもりはない。やるならば議員立法でどうぞ。そういうことだ。空襲被害者への補償問題が久々に国会で議論されたことの意味は大きいが、具体的な進展はなかった。

「われわれの代で」と話した自民党重鎮

この論戦から五日後の三月一〇日、東京大空襲から七六年目のこの日、国会内で空襲議連の総会が開かれた。

「まさに受忍論と決別すべき時が来た。こう思っています」。議連会長の河村建夫はそう話した。「立法府側の結果を見て政府としても対応して頂ける。そう確信しています。この議連の決定にかかってきた。皆さんの最終的な意見を集約して前進したい」

民間人空襲被害者らを救済する超党派国会議員の「空襲議連」ができてから一〇年が過ぎて

いた。

河村会長はこうも述べた。「今日はあの東京大空襲から七六年。皆様方から、かねてからいろんなご要望を頂きながらここまできました。全国のさまざまな空襲があり、終戦後政府はいろんな取り組みをしてきましたが、民間の空襲被害者への対応はできませんでした。議論の中で、どうした形で対応できるのか。あれだけの広範囲のものを一つ一つすべて取り上げるのは現実的には難しいということで、これで十分かと言われるといろんな意見がありますが、空襲被害などの被害を受けた民間の方々に、慰藉の気持ちをこめた特別給付金制度にしたらどうかということで、法案ができました。すでに「我が党は了解済みだ」という党があると聞いていますが、与党である我が自民党においても本格的にこの問題を取り上げるべく、幹事長のもとにこの後、要請に行くことにしています。

図 10　空襲議連の総会であいさつする河村建夫会長(左から 2 番目)．民間人空襲被害者救済立法を目指す考えを述べた(国会内で 2021 年 3 月 10 日)．

できるだけ早く手続きを進めなければならない」

河村は議連総会集会後に、そのまま自民党本部に向かい、二階俊博幹事長に面会して法案成立を訴えた。二階幹事長は「われわれの代でやらないといけない課題だ」などと答えた。

河村が二階に説明した法案、「特定戦災障害者等に対する特別給付金の支給等に関する法律案(仮称)要綱(案)」の概要を見よう。

第一　前文　戦後七五年を経過し、空襲等により心身に障害や傷跡が残り、長年にわたり多大な苦痛を受けている方々に対し、国としてその労苦に報いる等のため、この法律を制定すること。

第二　総則

一　趣旨(略)

二　定義

1　この法律において「空襲等」とは、昭和一六年一二月八日から昭和二〇年九月七日までの間に本邦の地域において行われた空襲、船舶からの砲撃その他の政令で定める戦闘行為をいうこと。

2　この法律において「特定戦災障害者等」とは、次の者であって、この法律の施行の日において生存しているものをいうこと。

①空襲等のため負傷し、これにより身体障害者福祉法の別表に掲げる身体上の障害がある者

②空襲等のため負傷し、これにより外貌に著しい醜状を残す者

③空襲等のため心理的外傷その他の心身の健康に対する影響を受け、これにより精神疾患を有する者

第三　特別給付金の支給

一　特別給付金の支給

1　（略）

2　特別給付金の額は、五〇万円とすること

二〜六（略）

第四　特定戦災障害者等認定審査会（略）

第五　空襲等による被害に関する実態調査等

政府は、空襲等による被害に関する実態調査及び空襲等により死亡した者に対する追悼の意を表す施設の設置を行うこと

第六　その他(略)

「空襲等」の「等」は沖縄の地上戦や、米戦艦などが洋上から日本に行った艦砲射撃などを差す。昭和二〇(一九四五)年九月七日までを対象としたのは、同日が沖縄戦が終結した日だからだ。宮古島から第二八師団長の納見敏郎中将、奄美大島から高田利貞陸軍少将、加藤唯雄海軍少将が降伏調印のために現在の嘉手納基地に召還された。三人はアメリカ第一〇軍司令官スティルウェル大将に対して、「南西諸島の全日本軍を代表して無条件降伏」を申し入れた。

また、早い段階での法案骨子には、ＰＴＳＤなど精神的障がいを負った者は対象になっていなかった。議連内で議論を進める中で拡大されたものだ。「著しい醜状」とはケロイドのことを指す。

同法案の眼目の一つである特別給付金は一度だけの支給で、かつ法施行時点で亡くなっている者は対象にならない。もう一つの眼目は「実態調査等」だ。

被害者に必要な補償をするためには、被害の実態を把握しなければならない。一九七〇年代、民間人空襲被害者の救済法案が国会に提出された際は、この実態調査が議論の対象になった。たとえば一九七三年二月二七日、参議院の社会労働委員会で、野党・社会党の須原昭二議員は政府に迫った。

「戦災による障がい者の実態調査、もう二十何年前だから資料がないと、こうおっしゃるかもわかりませんが、生きた証人がおるわけです。生きた証人に対する対応策をどう考えておられるかということを私はお尋ねをいたしておるわけであります。（中略）これらの今日生きた証人として生活をされておるこの障がい者の皆さんの実態を調査されたことがあるのかどうか。していないとするならば、実態調査をされる用意があるのかどうか、この点をひとつまずもってお尋ねをいたしておきたいと思います」

答弁したのは、齋藤邦吉厚生大臣。

「いまお尋ねのようなこの大東亜戦争による一般の民間の方々の負傷あるいは死亡、そういうものについて直接調査をいたしたものは、残念ながら全然いまのところないわけでございます。戦争によってけがをされ、あるいは両手、両足をなくされた方もこれはおることは私、事実だと思います。そういうことを頭に描きながら、そういう方々の援護にできるだけ力をいたす、これは私は当然のことであり、なすべきものであると思います。（中略）しかしながら、実際のところ、まだ調査したこともございませんし、調査いたしましても、なかなかこれははっきりした数字をつかむことができるかどうかという疑問もないでもないと思いますので、もちろん、一般的な身体障がい者に関する援護のほうをもっともっと厚くめんどうを見るように政府としては努力していくべきではないか、こんなふうに考えておる次第でございます」

実態調査はしない。してもはっきりしたデータを得ることは難しい。その代わり、「身体障がい者保護に関する法律についてもっと手厚くめんどうを見られるように、そちらの社会保障の体制を強化していくということでいくべきではなかろうかというふうに、きょう現在で考えておる次第でございます」と、齋藤は述べた。身体障がい者に対しては、関係する法律で対応できるようにする、という主張だ。

齋藤は一九〇九年生まれ、福島県中村町（現相馬市）の出身。東京帝国大学法学部法律学科卒、内務省に入省した。敗戦後は政治家に転身した。国策である戦争の被害者たちに対して「めんどうを見る」という物言いには、大日本帝国時代の官尊民卑の口吻がにじむ。

結局、政府は障がい者を含めた空襲全体の被害実態を調査しようとはしなかった。空襲被害の調査をしないのは、実態が分かったら補償に近付くことを恐れているからだろうか。とすれば、前掲の法案にある「実態調査」が大きな意味を持つ。

「空襲等により死亡した者に対する追悼に意を表す施設」も、東京大空襲国賠訴訟原告団らの悲願であり、提訴の段階でも国にこれを求めていた。もともと、都には空襲被害など戦争体験を継承するために、東京都平和祈念館(仮称)を建設する計画があった。一九九〇年代初めに構想が生まれた。戦争体験を継承するための施設で総工費四七億円、延べ四五〇〇平方メートルで、二〇〇一年度末の完成を目指していた。空襲に限らず、近現代史においては歴史を伝える貴重な資料が民間で膨大にある。資料館はこうした資料を展示するだけでなく、資料の散逸を防ぐためにも非常に重要だ。

しかし、祈念館の建設は頓挫した。都側が展示内容として、被害だけではなく日本のアジアに対する加害的な側面も取り上げる試案を示した。すると都議会議員の一部などから「自虐的」といった批判が上がった。これを受けて、都議会は一九九八年に「展示内容は都議会の合意を得た上で決定すること」とする付帯決議案を可決させた。都知事が青島幸男から石原慎太郎に代わった一九九九年、都は計画を事実上凍結した。

野党はすべて手続き済み

さて二〇二一年三月の時点で、野党は前述の法案を国会に提出する党内手続きを終えていた。与党・自民党と公明党の党内手続きが済めば法案は提出される。提出されれば成立は確実だ。その状況で、官房長官などを歴任した自民党の重鎮・河村建夫と自民党の幹事長を歴代最長となる五年務めていた二階がやる気を見せたのだ。「今度こそ（二〇二一年の通常国会で法案が）成立する」。全国空襲連のメンバーたちの期待は当然、高まった。

しかし、その後の自民党内の動きは鈍かった。

大きなハードルは二つあった。一つは「戦後補償問題は解決済み」という認識だ。同月一七日、自民党の下村博文政調会長は記者会見でこの問題に触れ、二〇〇五年の「政府・与党了解事項」（了解事項）を挙げて「戦後処理問題に関する措置はすべて確定、終了したものとされている。この政府・与党の決定との整合性を重視するのが筋」などと話した。

この「了解事項」は同年八月、シベリア抑留者など戦争被害者に対する慰籍事業を行うに当たり交わされた。「以上の措置により、戦後処理問題に関する措置はすべて確定・終了したものとする」との文言で、与党の自民党と公明党の幹部、関係閣僚が名を連ねたものだ。

この「了解事項」は、二〇一〇年にも結ばれている。ソ連によって強制抑留された人たちに対し、一人当たり二五～一五〇万円の特別給付金を支給することなどを柱とするシベリア特措法が成立した際に結ばれたものだ。「今回の特別給付金の支給をもって、戦後強制抑留、恩給欠格者、引揚者に係る措置は、すべて終了したものとする」とした。

「了解事項」はさらに、一九六七年、「引揚者等に対する特別交付金の支給に関する法律」が成立するに当たっても結ばれている。今から半世紀前の当時は、戦争で被害を負った国民が現在よりもはるかに多く生存していた。政党としては無視できる存在ではなく、与党・自民党が動いた。この時も、政府内には強い抵抗があった。この補償が他の戦争被害者に波及することを恐れていた。このため、政府と自民党は「手打ち」をした。それが「了解事項」だ。「本施策により在外財産問題あるいは引揚者に関する措置は完全に終了したものとする」「本件措置をもってあらゆる戦後処理に関する諸措置は一切終結したものとする」という内容である。「一切終結」とあるところを確認しておこう。

実際のところ、シベリア特措法を見れば分かる通り、「了解事項」が交わされても戦後補償は「終結」しなかったのだ。つまり、政府が新たな戦後補償事業を行う際に与党と結ばれる「了解事項」に絶対的な拘束力はない。政党が、国政選挙の際に「了解事項を順守する。戦後補償はこれ以上行わない」などと公約し、与党になれば話は別になるが、筆者の知る限りそんな公約を掲げた政権与党は存在しない。

「了解事項」は有権者、国民にその存在を知らせることなく結ばれたものである。それゆえ政府側がこれを盾に民間人空襲被害者救済の立法を拒もうとしても、説得力に乏しい。また下村政調会長が主張した「筋」も同様だ。議連が乗り越えられる壁であり、乗り越えるべき壁なのだ。

もう一つのハードルは自民党内に「他（の戦後補償問題）に波及するのではないかという懸念がある」（河村会長）ことだ。未解決の戦後補償問題は他にもあり、そこに波及してしまうという懸念である。戦後補償史の中では「パンドラの箱」論として知られる。一度何らかの当事者に補償をすれば、対象が無制限に広がってしまうかも知れない、という政府の懸念である。だがこれも説得力に乏しい。民間の戦争被害者が国に補償を求める場合、国は「民間人とは雇用・被雇用の関係に無かったから補償はしない」とつっぱねてきた。しかし実際は前述のように、小出しに補償を行ってきたのだ。「パンドラの箱」はすでに開いているのだ。こうした経緯も踏まえて、河村会長は「これはこれ、として解決すべき問題」と話した。

「戦争被害者一般に援護・補償をする」という法律を作れば、未解決の補償問題すべてに対応することにもなるが、空襲被害者たちが求めているのはそうした総括的なものではない。立法に慎重な国やそれに同調する政治家が心配しているような、他の補償問題への波及は考えにくい。また敗戦から八〇年近くが過ぎている今、戦争被害の当事者は加速度的に減っている。補償問題の最大の積みのこしである民間人空襲被害者の救済法が成立しても、対象は前述のように五〇〇〇人に満たない。仮に波及したとしても、高齢化が進む対象者が数十倍、数百倍になることはないだろう。

いずれにしても同年六月、通常国会は閉幕した。結局救済法案は成立するどころか、国会に提出すらされなかった。いつも以上に期待が膨らんでいただけに、空襲被害者らの落胆は大きかった。四カ月後の一〇月、総選挙が行われた。議連のキーマンだった河村建夫は自民党内の公認争いの結果、立候補しなかった。

二〇一一年に空襲議連が結成されて以来、衆議院で四回、参議院で三回の選挙があった。その国政選挙のたびに、議連は再スタートする。毎回、それなりの時間がかかる。その間に空襲被害者たちの時間は削られてゆく。

河合は話す。「私の人生の最後のステージで、こんなに大きな問題にぶつかるとは思っていませんでした。でも、こんな不条理がまかり通ってしまったら、未来の人たちに私たちと同じような惨禍をもたらすことになってしまうかもしれない。もう少しがんばってみようと思います」

終　章
未完の戦争
当事者が望んでいること

図 11　民間人空襲被害者の救済立法を訴える河合節子．東京大空襲で母と弟 2 人を奪われた．空襲で焼かれた母子と思われる写真パネルを手に「これが私の母と弟だと思っています」と話す(東京・有楽町で 2021 年 10 月 14 日)．

「国は自分たちが死ぬのを待っている」

河合節子が東京大空襲国賠訴訟の原告に加わったきっかけは、星野弘に出会ったことだった。星野は一九四五年三月一〇日、工業学校の生徒だった時に東京大空襲に遭った。鎮火後は、遺体の始末を手伝わされた。現在の東京スカイツリーを見上げる川に、たくさんの遺体が浮いていた。「女性の遺体を引き揚げると、二歳くらいの子どもが髪の毛にしがみついていました。親子だったのでしょう」。拾ったトタンに遺体を乗せ、仮埋葬地の公園まで運んだ。焼けた遺体から首や足が落ちたが、すべては拾えなかった。

筆者の取材に、星野はこうした凄惨な体験を淡々と語った。しかし、少年の心には深い傷が刻まれていた。同時に、それは後の裁判闘争のエネルギーともなった。「何の罪もない人たちが戦争でたくさん亡くなった。戦争を始めた国が謝罪も補償もしないのはおかしい」。そう話していた。

星野ら民間の空襲被害者は一九九八年、「せめて名前だけでも」と犠牲者の氏名を記録する運動を始めた。その中から東京空襲犠牲者遺族会が発足し、星野が会長に就任した。二〇〇七年には同会が中心となって、国賠訴訟を東京地裁で起こした。

国を相手に裁判を闘うとなると、時間もエネルギーも消費する。被害者はみな高齢になっていて、訴訟に参加することをためらう者もいた。河合はその一人だ。星野たちの運動を知っても「訴訟への参加を呼びかけられた時、経験がないので迷いました」と振り返る。「でも星野さんに会って直接お話を聞くうちに、「この方がリーダーなら間違いない」と思って原告になりました」。原告団は一三一人。原告団長に就いた星野の温かい人柄と熱意、リーダーシップがあればこその大規模訴訟となった。

二〇一三年に最高裁で原告敗訴が決まった。その後は全国空襲被害者連絡協議会で立法運動に力を入れた。「お金の問題じゃないんです。たとえば一万円でもいい。国が責任を認めて補償した、という歴史を残したい」。筆者の取材に、星野はそうも話していた。しかし二〇一八年六月一七日、八七歳で亡くなった。「人間として平等に扱ってほしい」という願いもかなわなかった。

原告副団長として星野を支えたのが城森満だ。二〇一七年一二月六日、衆議院第二議員会館での集会で、あいさつをした。なかなか国会に提出されない空襲被害者救済法案について「テンポは遅いけれど着実にまとまってきた。スクラムを崩さずがんばりましょう」などと話しつつ、体調が優れないことに触れ「これ以上引き延ばされるとあの世にいっちゃいます」と珍しく弱音をはいた。すぐに気を取り直したように「遅くとも法案の成立を見てあの世に行きたい。まだ頑張りますから、皆さん、よろしく」と結んだ。それから一〇日後の一六日、自宅で亡くなった。八五歳だった。

「杉山さんが元気なうちに」。それが全国空襲連のメンバーの合言葉だった。補償の対象者を狭めて、金額を引き下げたのも高齢化が進む当事者が生存しているうちに何とか立法を実現させるためだ。全国空襲連や空襲議連の集会が国会で開かれるたびに、杉山千佐子は名古屋から参加した。顔の半分近くを覆うほど大きな眼帯をし、マイクを握って参加者を鼓舞した。

先駆的に戦後補償問題に関わった杉山は、戦後補償を求めて闘う民間人空襲被害者たちにとっては運動のシンボルであった。しかし二〇一六年九月一八日、一〇一歳で亡くなった。杉山の活動を四〇年以上取材した元中日新聞記者の岩崎建弥（一九四一年生まれ）によれば、最晩年の杉山は「日本人として死にたい」と口走るようになった。岩崎がわけを聞くと「『このまま差別され、一人前の国民と見なされないで死ぬのは嫌だから』と、ぼそっと答えた」

立法活動を続ける中で、他の原告や支持者たちも次々と亡くなった。本人は元気でも、配偶者が病気になるなどして活動から離れざるをえなかった者もいる。「国はこのまま自分たちが死ぬのを待っている」。そう話す空襲被害者もいる。

二〇一三年五月八日、東京大空襲国賠訴訟で原告敗訴が確定した。二日後の一〇日。最高裁判所前に原告や支援者らが集まって気勢を上げた。「戦争被害受忍論を打ち破るぞ！」「死ぬまで闘い抜くぞ！」。三〇人近くがそう言って拳を突き上げた。国会のたびに救済法成立を願い、活動を続けてきた。

それから八年。二〇二二年初め現在、立法を訴える街頭活動に常時参加できるのはほんの数人だ。河合節子は数少ない一人。「今の国会で成立しないと、また一年二年と時間がかかってしまいます。私たちは活動を続けられないかもしれません」。二〇二一年六月、通常国会閉幕前に河合はそう話した。

図 12　2013 年，東京大空襲国賠訴訟は被害者原告たちの敗訴が最高裁で確定した．「不当判決」に抗議し，立法運動へ向けて気勢を上げる原告たち（最高裁前で 2013 年 5 月 10 日）．

「小さく産んで、大きく育てる」

多数の戦後補償裁判を取材してきた筆者の経験から言うと、日本の司法は取り残された民間人戦争被害者を救済することはできないだろう。一方で、司法は立法による解決をうながしてもいる。空襲議連の河村建夫会長が言ったように、「球（ボール）は国会にある」のだ。当然、河合たちは国会に期待を寄せる。

折から、衆議院議員の任期満了が近付いていた。「（衆議院が）解散になったら、賽の河原で積み上げてきた石が崩れて、また最初から始めることになりますから……」。解散総選挙となれば、救済立法実現の中心となっている議員が当選する保証はない。民主党議員たちがそうであったように。河合たちは、またゼロからのスタートになってしまうことを恐れているのだ。

河合たちが成立を願う法律は、第五章でみたように法案の想定対象は五〇〇〇人弱、予算は二〇億円足らずである。対象は法施行時点で生存している障がい者やケロイドを負った人だけ。障がいやケロイドを負わなかった人、負っていたとしても法施行時点で亡くなっている人や遺族は、空襲によってどれほどの被害を受けていても対象にならない。河合自身、対象外なのだ。

「河合さん、これでいいんですか、本当にこの内容で」。筆者は何度もそう聞いた。河合は「それは不満ですよ。でも私たちの世代ではこれがせいいっぱい。せめて土台を作りたいのです」と答えた。

河合たちが希望を感じているのは、同法案が国に空襲などによる被害の実態調査を課していることだ。一九七〇～八〇年代、国会で空襲被害者援護法を巡る議論がなされていた時、被害者らは国に実態調査を求めた。しかし国は頑として応じなかった。被害があまりにも広範囲で、調べきることが難しかったことがある。さらに、被害の詳細が明らかになれば、補償の必要性が明らかになってしまう。国はそれを避けたかったのだろう。

しかし戦後八〇年近く過ぎた今、被害者の数は減っており、規模のコストは激減しているはずだ。時間がたちすぎているため調査は困難となるが、それでも健在の被害者から聞き取りをしたり、各自治体が持っている資料を網羅するなどできることはある。そうした調査によって被害のありようが見えてくることにより、補償の対象も拡大できるのではないか。「小さく産んで、大きく育てる」ことを、河合たちは目指している。

とはいえ、河合たちが頼りにしていた議連の会長、河村建夫は二〇二一年一〇月三一日の衆院選に立候補せず、引退した。「自分たちの代で解決すべき」と話した二階はこの選挙で再選されたものの、自民党の幹事長を退いている。議連結成から一〇年が過ぎた。国政選挙のたびに、各党の役員選びなど再スタートが始まる。空襲被害の当事者たちの命はその間も、削られてゆく。

黒こげの遺体「これが私の母と弟」

衆議院解散後の二〇二一年一〇月一八日、正午。秋の青空が広がる東京・有楽町マリオンの前で全国空襲被害者連絡協議会が救済法の成立を求め、リーフレットを配った。マイクを握った支援者は「衆院選では、空襲被害者を救おうとする心を持った人たちを選んで下さい」と通行人に呼び掛けた。かたわらにはパネル写真が並んでいた。

筆者はその中で、一枚の写真に目がとまった。東京大空襲の虐殺現場を象徴するような一枚である。あおむけになっている黒こげの小さな遺体。乳幼児らしい。すぐ近くには、うつぶせになって同じく黒こげの遺体。女性のようだ。背中の腰の一部が、肌色のように見える。米軍がばらまく無差別爆撃の母親が幼児を背負って逃げ惑ったのだろう。東京大空襲があった一九四五年三月一〇日、警視庁のカメラマンだった石川光陽が東京・深川区洲崎(現江東区)で撮影したものだ。

河合の家族は深川区深川(同)二丁目に住んでいた。雑穀商の父繁一(三九)、母ゆみ(三五)、弟昭義(三歳)、勲(一歳三カ月)との五人家族で、寺の長屋に住んでいた。長屋の前に防空壕を造った。穴を掘って柱をくみ、畳と土を乗せた手製の防空壕だ。空襲警報のサイレンがなると、河合は昭義に靴を履かせて一緒に逃げ込むのが役目だった。勲はゆみが背負っていた。

空襲警報がひんぱんに出るようになり、家族は疎開することになった。河合は家族を離れて千葉にある叔父の家に預けられた。三月一〇日の早朝、東京方面が明るかったことを覚えている。ただ、大空襲があったことは知らなかった。四月には茨城県の国民学校に入学した。父繁一が迎えに来たのは七月。「頭に包帯をぐるぐるまいて、ミイラのようでした」

河合は、愛知県にある繁一の実家にいったん預けられた。名古屋大空襲で焼け出された伯母の家族と一緒に、牛がいなくなっていた牛小屋で暮らした。一年ほどが過ぎ、父に引き取られて千葉県で暮らした。

戦後、河合は、三月一〇日に何があったのか、詳しく聞きたかった。しかし聞けなかった。中学生のころ、繁一に切り出した。「あの日……」。そう切り出した河合は、もう泣いていた。繁一も何を聞かれるのかが分かったのか、泣いていた。

三月一〇日、繁一は妻と子ども二人を防空壕に避難させた。自分は隣近所の見回りに出たところ、周囲はすでに火の海になっていた。防空壕に戻って「逃げるぞ」と家族にうながした。繁一は昭義を抱いた。しかし防空壕を出ようとする瞬間、昭義を取り落としてしまった。すぐに抱き直そうとしたものの、なぜかその場にはいなくなっていた。東京大空襲はおりからの強い北風で被害が広がったことが知られている。さらに大規模な火災の中で起こる強風で子どもが吹き飛ばされてしまったのだろうか。

繁一のすぐ後についてきたはずの、ゆみと勲の行方も分からなくなってしまった。繁一も瀕死の大やけどを負った。気絶しているところを助けられて病院に運ばれた。苦しさのあまり「殺してくれ」と頼んだという。

炎で傷ついた皮膚はケロイドとなった。ひきつれた瞼と唇の下に、自分の腿からとった皮膚を移植する手術を受けた。それでも顔全体には大やけどの後が残った。河合は、近所の者たちが父親のことを「おばけ」と呼んでいたことを知っていた。

繁一の傷は体だけではなかっただろう。「家族を助けることができなかった。遺体を捜すこともできなかった。悔やんでも悔やみきれないことで、生涯父を苦しめました」。河合はそう振り返る。

母子と思われる、黒い遺体が写った写真を掲げて、河合は話す。「この写真に写っているのは、私のお母さんと弟だと思っています」。空襲被害者としてはまだ「若手」だが、それでも八二歳。たくさんの仲間を見送った。「いつまで活動を続けられるか……。でもあきらめきれません」と話す。

名簿公開／せめて名前だけでも

河合は、立法運動と平行してもう一つの運動をしている。東京大空襲で亡くなった人たちの名前を記録し公表する、「せめて名前だけでも」という活動である。

二〇一九年三月九日。浅草公会堂（東京都台東区）で東京空襲犠牲者遺族会の集会が開かれた。ここで六八家族二〇五人、空襲で亡くなった人の名前や年齢などが公表された。遺族会は、前身団体が一九九八年から独自に空襲犠牲者の氏名記録を始めた。以後集めた一万人余の名前のうち、遺族の同意を得たものを明らかにしたのだ。

ほとんどの遺族が、空襲によって肉親がどこでどう亡くなったかを把握できていない。また犠牲者の遺骨を引き取ることは極めて困難だった。だからこそ、遺族会は都に対し「せめて名前だけでも」と、公開を求めてきた。亡くなった親族を、自分たちだけではなく、広く長く記憶してほしい、追悼してほしい、という気持ちだ。

東京大空襲と同じく多数の民間人が犠牲になった沖縄県では、行政は積極的に氏名を公表している。県営平和祈念公園（糸満市）にある平和の礎（いしじ）には、犠牲者二四万一六三二人の名が刻まれている（二〇二一年六月現在）。厚労省によれば、沖縄で亡くなった日本人一八万八一四〇人のうち、二〇二一年一二月現在で一八万七四九〇人の遺骨が収容されている。しかし身元が分かることは極めてまれだ。

現状、遺骨の身元を科学的に特定できる唯一の手段がＤＮＡ鑑定である。遺骨（主に歯）からＤＮＡを採取し、遺族とおぼしき人からも提供を受けてＤＮＡを付き合わせる。そこで型があえば身元が判明する。これによって明らかになったケースは、沖縄ではたったの六件しかない（二〇二二年一月現在）。ほとんどの場合は身元が分からず、したがって遺族の元に帰ることも極めてまれなのだ。

祈念公園がある糸満市摩文仁は、沖縄を守備していた日本陸軍第三二軍が最後の司令部を置いた場所だ。一九四五年六月二三日、司令官の牛島満中将らが自決したとされる日が、沖縄戦の組織的戦闘が終わった日だ。毎年この日、祈念公園で追悼式典が開かれる。

「平和の礎」は、国籍や軍人か民間人かなどの違いに関係なく、沖縄戦などすべての戦没者の名前を刻んだ碑一一八基が、海に面した「平和の広場」を中心に放射状に配置されている。遺骨は埋まっていない。しかし多くの遺族がここに集い、故人をしのぶ。

筆者は二〇二〇年六月二三日、県主催の追悼式典を取材すべく現地に向かった。この日の取材は二〇一四年に続いて二度目だった。六年前は広い会場を埋める人たちで、入るのに手荷物検査などで三〇分近くかかった。しかしこの時は新型コロナ禍の影響で、規模が大幅に縮小されていた。例年参列する首相も招かれなかった。ごく一部の関係者を除き、県民も式典には参列できなかった。しかし公園内への入場制限はなかった。追悼式典とは違い、礎では六年前と同じくらいたくさんの人が行き交っていた。

時折、小雨が降り、蒸し暑い。遺族たちは碑の前にぬかずく。碑に刻まれた名前を手でなぞる中年の男性。固く目を閉じて手を合わせる老婦人。じっと礎を見つめる子どももいる。花や食べ物を供えて、語り合う家族。それぞれが戦争で奪われた大切な人を悼んでいた。

六〇歳代後半の女性は、一歳で亡くなった兄の名前を見つめていた。

「家族で壕の中にいたそうです。兄が泣いて、周りの人から「うるさい」と言われて。それで兄は……。母からは詳しいことを聞けませんでした。一緒にいて生き残った兄や姉から聞いたんです。戦後、母は生きるのに精いっぱいで、考えるゆとりがなかったのでしょうね。心から笑うことはなかったな……」

母子五人が、礎のお参りを終えて歩き出した。女の子と男の子各二人、六歳と四歳、三歳と一歳。駐車場へと向かうのか、女の子が言った。「こんなに暑い中、車まで歩くの――」

母親は「戦争の時は、みんな歩いたんだよ――」

「今は戦争じゃないよ――」と、女の子。

「それ、幸せだよ――」と、母親。

偶然聞いた会話が強く印象に残った私は、母親に話しかけた。

「(沖縄出身の)祖父がグアム島で亡くなりました。戦争のことはおばあちゃんたちからずっと聞いていました。おばあちゃんたちは来られなくなったけれど、私は毎年来ています」

平和の礎は、「第二次世界大戦の邦人死亡者三一〇万人」という概数ではない、一人一人の死者が見る者の胸に迫ってくる。ひとくくりにできない、またすべきではない人生が確かにあった。戦時下でも家族のだんらんはあった。親は子どもの成長を楽しみにして、子どもは将来に夢を抱いていただろう。しかし、戦争はその人たちの命と、その人たちが生きていれば誕生したであろう命まで奪った。

上記の、戦没者の孫である若い母親と、ひ孫にあたる子どもとのやりとりから分かるように、犠牲者の名前一人一人が刻まれた礎は、遺族が集まって故人をしのぶ場として、非常に貴重な場所である。戦時下、沖縄で何があったのか、沖縄から海外に移民した人たちがどうなったのかが、ここで語り継がれていくだろう。第三者、メディアに関わる人間にとっても、犠牲者一人一人の心中や無念を想像させる拠点にもなるだろう。筆者のようにここで遺族の話を聞き、戦争に関して報道するエネルギーをもらう者もいるだろう。

東京大空襲の被害者たちも、名前を記録し公開することに強くこだわっている。遺族会が公表した名簿で名前や年齢などを見ていると、一人の人間が確かに存在していたということを見る者に痛感させる。

亡くなった母と弟二人の名前公開に同意した河合節子は、「誰の目にも触れるようにしてほしい。亡くなった人たちの人権、人間性回復のために」と話す。「名前が人々の目に触れてこそ戦争の愚かさを伝える大きな力となり、残された人の心の支えにもなる」という遺族もいる。「名は不詳、姓のみ」の死者もある。たとえば姓のみ「松山」と書かれ、名前は未記載、「二(歳)」と書かれた犠牲者。戸籍ごと焼けてしまったのか、と胸が痛む。

名前と言えば、東京都は一九九九年に「東京空襲犠牲者名簿」の作成を始めた。すでに所蔵していた名簿と遺族らの申し出に基づき、これまでに八万一二七三人の氏名が登録されている(二〇二〇年三月現在)。遺族会は公開を求めているが、都は応じない。「追悼が目的で、公開を前提として収集していない」(都文化事業課)ためだ。

名簿は、東京・両国の都立横網町公園内の「東京空襲犠牲者を追悼し平和を祈念する碑」にある。参拝者に開放されるのは東京大空襲の三月一〇日と関東大震災の九月一日、年二回だけだ。しかも名簿はガラスケースの中で、中身は見えない。遺族らの申し出があれば当該の犠牲者だけ閲覧が許可される。氏名を公表することで、一人の人間が確かに生きていたこと、その人間が戦争で死んだことを多くの人に知ってほしい。それが遺族会の希望だが、現状はほど遠い。

都の姿勢で問題なのは、公開に後ろ向きなこと以外にもある。記載された氏名の正確性だ。名簿の記載は遺族以外の申告も受け付けている。戸籍など公文書でなく、それぞれの記憶に基づいての申告もある。「名前の誤記や、生存者が死者として記録されている可能性もあるのでは？」。同課にそう聞くと「根拠資料を頂いていないので、あり得る」という。間違った名前を記録して、それが「追悼」と言えるのだろうか。そうした誤記は、広く公開することによって正されることもあるはずだ。しかしほぼ「死蔵」の状態では、その機会もない。

シベリア抑留の場合

東京都の正確な名簿作成への熱意が薄く、また公開に消極的な姿勢を取材して思い出すのは、ソ連によるシベリア抑留の被害者、村山常雄（一九二六年生まれ、二〇一四年八八歳で没）による「村山名簿」だ。

村山は新潟県出身。一九歳で召集され、満州の関東軍に入隊した。部隊は敗戦後、ソ連との国境近くで武装解除された。ソ連領に歩いて向かう途中、日本人らしき遺体が散乱していた。「自分が歩くだけで精いっぱい。手を合わせることもできなかった」。戦友が歩けなくなった。「待ってくれ」という声が聞こえたが、何もできなかった。「自分の靴が壊れたときは、遺体からとって履いた」。収容所でもたくさんの仲間が死んでいった。

一九四九年に帰国した。働きながら資格をとり、中学校の教師となって一九八五年まで務めた。教員生活の晩年は学校が荒れている時代で、苦労もあった。それでも「生きて帰ってよかった。人生っていいもんだ」と感じた。一方で、シベリアで死んでいった人たちのことを悼む気持ちが強まった。

長い冷戦下、ソ連は抑留の実態を明らかにしなかった。しかし一九九一年、ソ連のゴルバチョフ大統領が、抑留で亡くなった日本人およそ六万人のうち、約三万八〇〇〇人の名簿を日本政府に提出した。ソ連当局が日本人抑留者から聞き取った日本語を、ロシア語でつづった名簿が元だ。もともと正確に聞き取られていなかったものが多かったと思われる。それを日本政府が日本語に再変換し、カタカナで公表した。するとおよそ日本人とは思えない名前が「再生」された。「シネオ」「シネゾウ」といったように。

「たくさんの人たちが若くしてバサッと命を奪われた。名前は人格。名前をゆがめられるのは人格をゆがめられること。国が始めた戦争で犠牲になったのに、「無名戦士」として終わらせることは許されない」。村山は一念発起して一九九六年、七〇歳の誕生日にパソコンを始めた。抑留経験者の資料や、厚生省（当時）所有の名簿など漢字表記のある資料を収集し、カタカナ表記と突き合わせた。一人一人、犠牲者たちの名前を再生させていった。

妻のカズに支えられて一〇年間、一日一〇時間以上作業した。二〇〇五年、成果をホームページで公開し、二〇〇七年には『シベリアに逝きし人々を刻す』を自費出版した。記名は四万六三〇〇人で、うち三万二三二四人の名前を漢字で記した。厚さ約五センチ、重さ二キロの大著は「村山名簿」と呼ばれる。遺族にとって故人をしのぶ貴重なよすがである。またアカデミズムの抑留研究、ジャーナリズムの報道も絶望的に立ち遅れる中、抑留研究の金字塔ともなった。

その超人的な仕事を、市民団体「シベリア抑留者支援・記録センター」の代表世話人、有光健（一九五一年生まれ）は活用することを考えた。旧知の間柄だった村山が亡くなった時、「「巨木が倒れた」ではありません。森全体がなくなってしまった」とその業績をたたえ、死を惜しんだ。

有光は、「村山名簿」に記載されている人の名前を、リレー方式で読み上げる企画を思い立った。第二次世界大戦中に虐殺されたユダヤ人ら一〇万二〇〇〇人の名前を六日かけて読み上げる追悼式がオランダで行われたことを知ったことがきっかけだった。

二〇二〇年八月、村山が再生させた四万六三〇〇人の名前を読み上げる追悼のイベントが行われた。

ウェブ会議システム「Ｚｏｏｍ（ズーム）」で読み上げるもので、四七人が参加した。ソ連の独裁者スターリンが抑留の秘密指令を発した二三日の午後九時から二五日午後八時まで四七時間。参加者は原則一人で三〇分、五〇〇人の名前を読み上げる。抑留体験者や遺族、韓国やウズベキスタン、台湾などの外国人も参加した。

ほとんどが戦後世代であった。学生も参加した。大学四年の男性は「これだけ多くの方が、終戦後に亡くなっていたことを改めて痛感しました。一人一人に人生があり、故郷での生活があったのだろうと感じると、胸が痛かった」と振り返った。身内に抑留経験者がいなくても、声を詰まらせながら読み上げる人がいた。読み上げた人以外にも、ズームやＹｏｕＴｕｂｅで視聴した人がいた。村山を直接知らない若い世代も抑留の史実を知り、他者の悲劇を心に刻んだのだ。

筆者は、同姓の「栗原」を担当させてもらった。「間違えてはいけない」と緊張して読み進める。名簿の生没年を見て「二〇歳。こんなに若く亡くなったのか」「四一歳。当時ではもう老兵……。妻や子ども、待っている人がいただろうに」と、亡くなった人に思いが行く。筆者の亡父と同じ名前が記載されていて、読み上げる時には胸にこみあげてくるものがあった。名前の持つ重みを改めて感じた。戦争の意味を、戦後世代が考える貴重な機会にもなった。

空襲犠牲者に名前も公開を

空襲についても、犠牲者の氏名を公開することで得られるものは多いだろう。遺族の安らぎの他、上記の名簿の誤りや、不詳の氏名などが分かる可能性もある。また「あの人も亡くなったのに名前がない」などという指摘から、追加の記載もあり得る。

公開は望まない遺族もいるだろう。それゆえ望む人だけでも、遺族の意向や専門家の知見などを踏まえながら「できる限り公開」という方向にかじを切るべきではないだろうか。現状では実質的な死蔵だ。税金を使って、何のために保存しているか分からない。

戦争で命をもぎ取られた者一人一人の名前を刻むことによって、「死者〇万人」というおおまかな数字では伝わらないこと、一人の人間が確かに生きていたということを感じさせる。また戦争とは何か、戦争で死ぬことがどういうことなのかを考えるきっかけともなる。

東京大空襲で祖母と姉、父を亡くした大竹正春は「空襲被害者一万三〇〇〇体の仮埋葬地だった猿江公園(江東区)に沖縄の「平和の礎」のような刻銘碑を作ってほしい。広島、長崎のように誰でも参加できる平和式典をしてほしい」と話す。

明らかになった戦争PTSD

沖縄戦では日本人だけでおよそ一九万人が命を失った。うち一般住民が推計で九万四〇〇〇人に及ぶ。命は助かったものの心身に傷を負った者、肉親を殺されて孤児になった者、財産を全て失った者など被害者は膨大であった。

当初、日本政府が援護したのは本土と同じように元軍人・軍属だけであった。政府が「雇用論」をふりかざすならば、民間人には何もしないはずだ。しかし一九五七年、沖縄戦で被害に遭った民間人のうち、弾薬の輸送や陣地構築、壕の提供など二〇項目を定め、これに該当する者を「準軍属」として補償することとなった。この措置は、被害者に補償を行うという点では当然の施策であったが、重大な欠陥があった。

まず、戦争被害の補償を受ける条件＝戦争に協力したこと、という構造自体が被害者の傷口に塩を塗り込むような話だ。本来は戦争に協力していようがいまいが、被害者にはすべて応分の措置をすべきである。

さらに補償の対象となるためには、第三者三人以上の証言が必要だった。極限状態の戦場では容易ではない。その結果「同じ戦争被害者でありながら、補償される者とされない者の分断が起きてしまった」。後述する沖縄戦被害者国賠訴訟の弁護団長を務めた、瑞慶山茂弁護士はそう話す。

瑞慶山は自身が戦争の被害者である。両親は沖縄出身でパラオ諸島のコロールへ渡った。一九四三年、瑞慶山はそこで生まれた。翌年、米軍の空襲が激しくなってきたため避難船に乗った。だが米軍の攻撃で沈没、一歳の瑞慶山は母の胸に抱かれて海を漂い、奇跡的に一命を取り留めた。三歳の姉は水死した。

一家は沖縄に引き揚げて暮らした。瑞慶山は地元の琉球大学を卒業し、法曹界に入った。自身南洋戦の被害者だが、法廷闘争までには時間がかかった。きっかけは東京空襲の訴訟で、原告弁護団に加わったことだ。被害を詳細に調べるうちに、ルーツである沖縄での闘い、そして沖縄出身者が南洋で体験した戦争被害に目を向けた。体験者たちの聞き取りを重ねた。

二〇一二年、沖縄戦の被害者七九人が、国に賠償と謝罪を求めて那覇地裁に提訴した。弁護団長は瑞慶山だ。弁護団の方針で、原告三九人が精神科医・蟻塚亮二（一九四七年生まれ）の診断を受けた。蟻塚は青森県弘前市内の病院長などを経て、二〇〇四年に沖縄に移住。数年後、那覇市の病院で外来診察をしていた時に「奇妙な不眠」を訴える患者たちに出会った。

高齢になってから、夜中に断続的に目が覚めるようになった、という人たちだった。うつ病かと思い、診察するが違う。ナチスのホロコーストを生き延びた人たちの、四〇年後の精神状態の調査に関する論文を偶然読んだ。「奇妙な不眠」に症状が似ていた。その後、蟻塚は「もしかして、と思い「沖縄戦の時、どこにいましたか？」と聞くようにしました」。すると「日本軍兵士によって、避難していたガマ（洞窟）から追い出された」「死体を踏みながら逃げた」などと、凄惨な戦場体験を語る人が相次いだ。パニック障害や精神的なストレスによって体が痛む症候など、多数の精神障がいが見られた。

裁判に際しては、実に三七人が沖縄戦の戦場体験に起因するPTSDなどの精神障がいと診断され、証拠として裁判所に提出された。戦後七〇年近くたっても、戦争被害が続いていることを医学的に証明した。戦後補償裁判において、画期的な証拠である。しかし二〇一六年三月一六日、原告敗訴。控訴審でも敗れ、二〇一八年に最高裁で敗訴が確定した。

南洋戦裁判でも

沖縄戦被害者による提訴の翌年、二〇一三年には南洋戦の被害者四五人が、国に損害賠償と謝罪を求めて那覇地裁に提訴した。サイパンなどのマリアナ諸島、あるいはフィリピンといった南洋諸島に日本から渡り、現地で戦争に巻き込まれた者たちが、国に補償と謝罪を求める訴訟である。瑞慶山ら弁護団が前面に出したのは、沖縄戦訴訟と同じく不法行為責任だ。民間人が多数犠牲になった日本軍の戦闘行為や「集団自決」の強制などは国民保護義務に違反するものであり、軍の雇用者である政府に補償する責任がある、というものだ。

瑞慶山によれば、南洋戦の訴訟は沖縄戦以上に困難だった。「まず資料が少ない」。また長い間、原告らは家族にさえ悲惨な体験を詳しくは語らなかった。

瑞慶山は資料の掘り起こしと分析、さらに被害者の聞き取りを進めた。裁判所に提出した膨大な証言は、それ自体貴重な資料となった。

提訴当時、原告らの平均年齢は八〇歳を超えた。最高齢者は一〇二歳。「無念のうちに南海に散った人びとの霊を弔い、自らの人間回復のため、人生最期の思いを込めてこの裁判を起こしました」。瑞慶山はそう話す。

この裁判でも、蟻塚の診断が証拠として法廷に提出された。二九人が診断を受けたところ、二八人が戦争に起因する精神障がいと診断された。私は診断された人たちに話を聞いた。フィリピンの戦場を生き延びた男性は「ジャングルのような山中で、ドンという砲撃の音で目を覚ますことがあります。妹や母のことを思い出します。飛行機の音を聞くと、急に動悸がします」。サイパンで家族を亡くした女性は「戦争中のことや沖縄に引き揚げてきてから孤児として苦しくつらい生活の記憶が昼も夜も思い出されて、心臓がどきどきしたり咳き込んだりします」と話す。二人とも精神障がいと診断された。

空襲以外のPTSDも

蟻塚によれば、戦争PTSDの特徴の一つは「晩発性」、つまり発症が遅いことだ。「幼い頃のトラウマ記憶が、成人以降の実生活体験の中で隠蔽(いんぺい)される。生きていくための仕事や家庭内での役割などに没頭するので、非日常的な戦時体験は隅に追いやられるのです」

ただ、悲惨な体験の記憶自体がなくなるわけではない。「老いていくと若い頃の気力や体力が衰える。また社会的な地位や家庭内での役割、経済力を失っていく。友人や肉親を失うこともある。こうした喪失のプロセスを受け入れる中で、人は過去を振り返る。そこにつらい記憶が侵入してきます」

筆者が蟻塚の話を聞いていて思い出したのは、取材を続けてきた全国の空襲被害者だ。引き取られた親戚に「親と一緒に死ねば良かったのに」と言われた女性。あるいは空襲で大やけどを負った男性は「肉体的な傷も大きいですが、ケロイドのため他人から冷たい対応をされて受

図 13　控訴審のため裁判所に入る南洋戦国賠訴訟の原告団(那覇市の福岡高裁那覇支部で 2018 年 12 月 18 日).

ける心の傷の方が大きい」と振り返った。

このように精神的に傷を負い、適切な治療を受けてこなかった空襲被害者たちも、高齢となってから発症するケースがあるのではないか。蟻塚は「当然あり得ます。過去のトラウマと現在の病状がどう結びついているのか。学問的に明らかにすることが必要だ」と指摘する。

南洋戦国賠訴訟も、那覇地裁で原告が敗訴、控訴審でも敗れて二〇二〇年、最高裁で原告敗訴が確定した。しかし、原告たちの記憶はなくならない。

空襲や地上戦以外にも、引き揚げ孤児や、進駐軍の米兵と母親の間に生まれ「混血児」などと差別された子どもら、戦争でつらい体験をし、心に傷を負ったままの人

は大勢いるだろう。

第五章で見たように、超党派の国会議員連盟が目指している空襲被害者救済法は、被害者の実態調査を国に課す。速やかに成立させ、精神面を含めた被害調査を進める必要がある。またより多くの医師が戦争起因の精神的障がいに関する知見を深め、治療に生かす体制を整えなければならない。戦争は国策であり、被害者に十分なケアをするのは国の責任だ。被害者の自助努力や善意の医師に頼るべきではない。

宙に浮いた被害

戦争で被害に遭い、国が補償を拒んでいる民間人は多数いる。当事者の年齢から判断すると、この先かつてのような集団訴訟が行われる可能性は低い。一方で名古屋と東京、大阪などへの空襲や沖縄戦、南洋戦の被害者が国に補償を求めた訴訟で、裁判所は原告の被害を認定している。しかし誰も謝罪しないし、補償もしない。被害だけが宙に浮いている。戦争は未完なのだ。

元国会図書館調査員の宍戸伴久が詳細にレポート(『レファレンス』二〇〇八年一二月号掲載)したように、戦勝国であるイギリスやフランス、敗戦国のドイツですら民間人の戦争被害に対して補償を行っている。我らが日本国はこのまま、何の罪もない民間人の戦争被害者を斬り捨ててしまうのだろうか。昔話ではない。現在の市民にも関わることだ。

東京大空襲で母と弟二人を失った河合節子は話す。「このまま私たちが死んでいったら、この先新しい戦争が起きたとき、民間人が被害に遭っても国は何もしてくれないでしょう。過去の問題ではありません。私たちの子ども、孫、未来につながることなのです」

法廷闘争と立法運動の中で、多くの民間人戦争被害者が亡くなった。当事者が健在のうちに、救済を実現しなければならない。このままでは、日本の歴史に取り返しのつかない汚点が記されてしまうだろう。立法と行政、司法関係者だけの責任ではない。民間人戦争被害者に無関心、無知でいた私たち市民の責任でもある。

あとがき

休日、自宅近くを家族三人で散歩することがある。途中に小さな地蔵堂がある。私が育ち、今も住んでいる東京都内の地区は戦争末期、米軍による執拗な無差別爆撃を受けた。地蔵は江戸時代からあったものだがその空襲で壊され、戦後に再建されたものだ。九歳の子どもがカランカランと鈴を鳴らして、小さな手を合わせる。私と妻も目を閉じて祈る。

石の地蔵を砕き、焼いた爆弾でたくさんの人たちが殺されただろう。「子どもを残して、死んでいった親はどれほど無念だったか。今、自分と妻がいきなりいなくなったら、この子は生きてゆくために大変な苦労をするだろう。まして、敗戦で国が崩壊して社会保障がまったく機能しない中で、残された子どもはどれほど苦労したのだろう」。そんなことを思う。

新聞やテレビなどのマスメディアは毎年夏、特に八月に集中的に戦争にまつわる報道をする。他の季節はさほどでもない。「八月ジャーナリズム」と言われる。

私は日本近現代史に関する取材、執筆を続けている。日本の近現代史は戦争抜きに語ることができない。必然的に戦史を扱うことが多い。ただ私の戦争報道は、「八月ジャーナリズム」とは二つの点で違う。一つは、戦争報道を一年中やっていることだ。季節に関係なく「シベリア抑留」や「特攻」、「戦没者遺骨」などの問題を取材し、発信している。長年そういう報道をしていたところ、同僚から「紙面が常夏です」と言われた。彼はからかうつもりだったのだろうが、私は非常に気に入って「常夏記者」を自称している。

もう一つは、「八月ジャーナリズム」の「文法」を守らないことだ。

私の見るところ、「八月ジャーナリズム」には一つの形がある。戦争体験者や遺族の肉声によって、悲惨な戦争の実態を伝え、「戦争だけはしてはいけない」という趣旨の言葉で締める、というものだ。しかし、私はこうした形の報道はほとんどしない。

近年は戦争体験者の高齢化が進み、探し出すこと自体が難しくなっている。また通信網が発達し世界各地のニュースがあっという間に日本に入ってくる。さらにSNSの発達などで多くの市民がニュースを発信できるようになり、各メディアがそれを活用するようになった。ニュースがあふれる中で、戦争報道に割く時間や紙面を確保することが難しくなっているように見える。それゆえ、たとえ夏だけでも戦争報道をすることの意義は大きくなっていると、私は思う。

しかし上記の「文法」に納めてしまうと、戦争が「過去の話」として読者に受けとめられてしまうのではないか、という危惧がある。戦闘は七七年前の一九四五年夏に終わった。しかし、戦争による負の遺産はその後も長く残り、苦しんでいる人たちがたくさんいることは、本書で見てきた通りだ。たとえば戦争を始めた国家からびた一文の補償もなく、謝罪もない戦争被害者たち、八〇歳を過ぎた人たちが救済を求めて国会議事堂の前に立つ。国策としての戦争で被害を負った人たちに対し、行政は「民間人は国が雇用していなかったから」という理由で補償を拒否。司法は被害を認定しながら「立法が解決すべき事」と責任を回避する。しかし立法は何年たっても行われない。民間人戦争被害者を斬り捨てる「三権分立」がここにある。

私は、新聞ジャーナリズムの最大の役割は、国家に二度と戦争を始めさせないことだと考えている。国家、為政者が始めた戦争による負の遺産の勘定書きは、国策決定にかかわることのできない庶民に回される。そして永遠に清算できない。戦争は未完なのだ。その事実を具体的に伝えることが、新しい戦争を防ぐ最大の抑止力になると、私は信じている。

本書は、毎日新聞ニュースサイトで二〇一九年七月二五日から二〇二一年一二月二日まで毎週木曜日に計一二二回連載した「常夏通信」を活用し、大幅に加筆、再構成したものである。

本文中、敬称は省略させて頂いた。一〇年以上に渡る取材でご協力頂いた、たくさんの人たちのおかげで本書を刊行することができた。すべてのお名前を記すことができないことをおわびしつつ、お礼を申し上げたい。

岩波書店の伊藤耕太郎さんには、本書の構想の段階から相談に乗ってもらった。東京大空襲被害者の戦後補償についての企画を考え執筆者を探していた伊藤さんに、「私が最適任者と思います。この問題で原告(空襲被害者や遺族)、永田町、霞が関を一〇年以上継続して取材、執筆しています」と自薦したところ、快諾してもらったことで本書は誕生した。また新書編集部の吉田裕さん、飯田建さんには厳しいスケジュールの中で励まして頂いた。ありがとうございました。

最後に私事ながら、いつも執筆を支え、エネルギーを与えてくれる妻の果生里、長男の幸雄に感謝を伝えたい。

二〇二二年二月

栗原俊雄

誠出版，2015 年
栗原俊雄『遺骨　戦没者三一〇万人の戦後史』岩波新書，2015 年
東京大空襲訴訟原告団報告集刊行委員会『東京大空襲訴訟原告団報告集 ── 援護法制定をめざして』2015 年
栗原俊雄『戦後補償裁判 ── 民間人たちの終わらない「戦争」』NHK 出版新書，2016 年
宮内庁編『昭和天皇実録　第八』東京書籍，2016 年
瑞慶山茂編著『法廷で裁かれる沖縄戦　訴状編 ── 初めて問う日本軍の国家賠償責任』高文研，2016 年
星野光世『もしも魔法が使えたら ── 戦争孤児 11 人の記憶』講談社，2017 年
瑞慶山茂編著『法廷で裁かれる南洋戦・フィリピン戦　訴状編 ── 強いられた民間人玉砕の国家責任を問う』高文研，2018 年
NHK スペシャル取材班『NHK スペシャル　戦争の真実シリーズ 1　本土空襲　全記録』KADOKAWA，2018 年
中山武敏『人間に光あれ ── 差別なき社会をめざして』花伝社，2019 年
東京大空襲・戦災資料センター編『あのとき子どもだった ── 東京大空襲 21 人の記録』績文堂出版，2019 年
ダニエル・エルズバーグ著，梓澤登・若林希和訳『国家機密と良心』岩波ブックレット，2019 年
金田茉莉『かくされてきた戦争孤児』講談社，2020 年
浅井春夫・川満彰編『戦争孤児たちの戦後史 1　総論編』吉川弘文館，2020 年
『東京空襲犠牲者の名前を公開する　浅草 de トーク 2019 の記録』和・ピースリング，2021 年
全国空襲被害者連絡協議会事務局編『空襲被害を伝える声 ── 全国空襲被害者連絡協議会結成 10 周年記念誌』2021 年
東京空襲犠牲者遺族会編『東京空襲犠牲者の叫び　せめて名前だけでも』2021 年

主な参考文献

東京都編『東京都戦災誌』東京都，1953 年

早乙女勝元『東京大空襲 —— 昭和 20 年 3 月 10 日の記録』岩波新書，1971 年

久保田重則『東京大空襲救護隊長の記録』潮出版社，1973 年

『東京大空襲・戦災誌』編集委員会編『東京大空襲・戦災誌(1〜5 巻)』講談社，1975 年

厚生省援護局『引揚げと援護三十年の歩み』ぎょうせい，1978 年

司馬遼太郎『歴史と視点 —— 私の雑記帖』新潮文庫，1980 年

宍戸伴久「戦後処理の残された課題 —— 日本と欧米における一般市民の戦争被害の補償」国立国会図書館調査及び立法考査局編『レファレンス』2008 年 12 月号

東京大空襲訴訟原告団・東京大空襲訴訟弁護団『差別なき戦後補償を —— 空襲被害者の人間回復』2009 年

田中宏・有光健・中山武敏他『未解決の戦後補償 —— 問われる日本の過去と未来』創史社，2012 年

保阪正康『仮説の昭和史(上・下)』毎日新聞出版，2012 年

栗原俊雄『20 世紀遺跡 —— 帝国の記憶を歩く』角川学芸出版，2012 年

水島朝穂・大前治『検証 防空法 —— 空襲下で禁じられた避難』法律文化社，2014 年

蟻塚亮二『沖縄戦と心の傷 —— トラウマ診療の現場から』大月書店，2014 年

城森満『狭い門　未来はあなた達のもの —— 戦争は人類史上最大の犯罪，愛と平和を若い世代に捧げる』文芸社，2015 年

矢野宏・大前治『大阪空襲訴訟は何を残したのか —— 伝えたい，次世代に』せせらぎ出版，2015 年

早乙女勝元監修，東京大空襲・戦災資料センター編『決定版 東京空襲写真集 —— アメリカ軍の無差別爆撃による被害記録』勉

栗原俊雄

1967年生まれ．東京都出身．早稲田大学政治経済学部政治学科卒，同大学大学院修士課程修了(日本政治史)．1996年，毎日新聞社入社．現在，毎日新聞社専門記者．

著書

『戦艦大和　生還者たちの証言から』『シベリア抑留――未完の悲劇』『勲章　知られざる素顔』『遺骨　戦没者三一〇万人の戦後史』(以上，岩波新書)『シベリア抑留は「過去」なのか』(岩波ブックレット)『20世紀遺跡　帝国の記憶を歩く』(角川学芸出版)『「昭和天皇実録」と戦争』(山川出版社)『特攻――戦争と日本人』(中公新書)『戦後補償裁判――民間人たちの終わらない「戦争」』(NHK出版新書) ほか．

受賞歴

2009年，第3回疋田桂一郎賞．2018年，第24回平和・協同ジャーナリスト基金賞奨励賞．

東京大空襲の戦後史　　岩波新書(新赤版)1916

2022年2月18日　第1刷発行

著　者　栗原俊雄(くりはらとしお)

発行者　坂本政謙

発行所　株式会社 岩波書店
〒101-8002 東京都千代田区一ツ橋 2-5-5
案内 03-5210-4000　営業部 03-5210-4111
https://www.iwanami.co.jp/

新書編集部 03-5210-4054
https://www.iwanami.co.jp/sin/

印刷・精興社　カバー・半七印刷　製本・中永製本

ISBN 978-4-00-431916-0　　Printed in Japan

岩波新書新赤版一〇〇〇点に際して

ひとつの時代が終わったと言われて久しい。だが、その先にいかなる時代を展望するのか、私たちはその輪郭すら描きえていない。二〇世紀から持ち越した課題の多くは、未だ解決の緒を見つけることのできないままであり、二一世紀が新たに招きよせた問題も少なくない。グローバル資本主義の浸透、憎悪の連鎖、暴力の応酬――世界は混沌として深い不安の只中にある。

現代社会においては変化が常態となり、速さと新しさに絶対的な価値が与えられた。消費社会の深化と情報技術の革命は、種々の境界を無くし、人々の生活やコミュニケーションの様式を根底から変容させてきた。ライフスタイルは多様化し、一面では個人の生き方をそれぞれが選びとる時代が始まっている。同時に、新たな格差が生まれ、様々な次元での亀裂や分断が深まっている。社会や歴史に対する意識が揺らぎ、普遍的な理念に対する根本的な懐疑や、現実を変えることへの無力感がひそかに根を張りつつある。そして生きることに誰もが困難を覚える時代が到来している。

しかし、日常生活のそれぞれの場で、自由と民主主義を獲得し実践することを通じて、私たち自身がそうした閉塞を乗り超え、希望の時代の幕開けを告げてゆくことは不可能ではあるまい。そのために、いま求められていること――それは、個と個の間で開かれた対話を積み重ねながら、人間らしく生きることの条件について一人ひとりが粘り強く思考することではないか。その営みの糧となるものが、教養に外ならないと私たちは考える。歴史とは何か、よく生きるとはいかなることか、世界そして人間はどこへ向かうべきなのか――こうした根源的な問いとの格闘が、文化と知の厚みを作り出し、個人と社会を支える基盤としての教養となった。まさにそのような教養への道案内こそ、岩波新書が創刊以来、追求してきたことである。

岩波新書は、日中戦争下の一九三八年一一月に赤版として創刊された。創刊の辞は、道義の精神に則らない日本の行動を憂慮し、批判的精神と良心的行動の欠如を戒めつつ、現代人の現代的教養を刊行の目的とする、と謳っている。以後、青版、黄版、新赤版と装いを改めながら、合計二五〇〇点余りを世に問うてきた。そして、いままた新赤版が一〇〇〇点を迎えたのを機に、人間の理性と良心への信頼を再確認し、それに裏打ちされた文化を培っていく決意を込めて、新しい装丁のもとに再出発したいと思う。一冊一冊から吹き出す新風が一人でも多くの読者の許に届くこと、そして希望ある時代への想像力を豊かにかき立てることを切に願う。

（二〇〇六年四月）